Mallorca

Gabriela Kunze

mallorcasa®
Wir lieben Ihren Urlaub!

10

FINCAS · CASAS · VILLAS · CHALETS · APARTAMENTOS

Sven Spindler
Inhaber

mallorcasa
Individuelle Reisevermittlung
Maxie-Wander-Strasse 25
D-14532 Kleinmachnow
www.mallorca-angebot.de

Tel.: 0049 (0) 33203 88 35 90
Fax: 0049 (0) 33203 88 35 89
Mobil: 0049 (0) 171 64 28 21 8
info@mallorca-angebot.de

▶ Dieses Symbol im Buch verweist auf den großen Faltplan!

DUMONT
direkt

Benvinguts! – Willkommen

Unterwegs auf Mallorca

Mallorca 15 x direkt erleben

Benvinguts
Mein heimliches Wahrzeichen

Das ist vielleicht das Schönste an Mallorca – der direkte Gegensatz von Land und Meer. Wie hier an der Cala Sant Vicenç, wo sich das Wasser mit stetem Rauschen und Raunen gegen die schroffe Küste stemmt. Im Sommer flirrt die weiße Gischt im Licht der Sonnenstrahlen, die See ist klar und leuchtet türkis, daneben das Farbenspiel der Felsen, das am Morgen in zartem Rosa beginnt, um über ein sattes Ocker am Mittag schließlich in immer dunkleres Blau in den Abend und die Nacht zu fließen.

Erste Orientierung

Überblick

Alle Wege führen nach **Palma** (▶ C/D 5), und von Palma – und damit vom Flughafen Son Sant Joan – gelangt man auf gut ausgebauten Schnellstraßen oder mit einigen Bahnlinien in alle Regionen der Insel.

53 Gemeinden hat Mallorca, keine von ihnen liegt direkt an der Küste. Auch jene, zu denen Ferienregionen gehören, liegen mindestens 5 km entfernt im Landesinneren. So will es die Tradition, die sich an der Geschichte orientiert. Die schönste Straße der Insel, die **Ma-10**, führt durch das Tramuntanagebirge von Andratx nach Pollença. Wer Mallorca wirklich kennenlernen möchte, befährt die kleinen Nebenstraßen. Auch sie sind gut ausgeschildert.

Die Hauptstadt Palma

Palma (▶ C/D 5) – Metropole, Landeshauptstadt, Kunststandort, Shoppingparadies, Tourismuszentrum. Palma ist das alles. Eine moderne Stadt mit Tradition. Und noch viel mehr: Palma ist der Stolz eines jeden Mallorquiners.

Die **Altstadt** ist für jeden Besucher ein Muss, die **Kathedrale** ist eines der schönsten Gotteshäuser Spaniens. In Palma sind alle Architekturstile vertreten, von Gotik über Jugendstil bis zu Zweckbauten der 1940er- bis 1970er-Jahre und exquisiter moderner Architektur.

In den vergangenen zwanzig Jahren hat sich die Stadt zu einem beachtlichen **Kunststandort** gemausert. Das Auditorium bietet regelmäßige Konzerte des örtlichen Sinfonieorchesters; Galerien und Ausstellungsräume zeigen internationale Kunst.

Die Westküste und die Berge

Die **Serra de Tramuntana** (▶ A 5–G 1) schützt die Insel vor Stürmen und Niederschlägen. Und sie ist das landschaftliche Highlight der Insel. Wanderer und Naturfreunde kommen hier ebenso auf ihre Kosten wie Kunstinteressierte und Gourmets.

In den Dörfern der Tramuntana – Banyalbufar, Valldemossa, Deià oder Sóller – gibt es hervorragende Restaurants, Museen und etliche Landgüter, die *fincas públicas,* die in den vergangenen Jahren von der öffentlichen Hand gekauft wurden und jedermann zugänglich sind. Damit wurde ein Stück Kulturgut erhalten.

Die **Ruta de Pedra en sec** (▶ A 5–F 1), die ›Trockensteinroute‹, führt als Wanderweg fast 280 km lang quer durch das Gebirge. Sie ist fast fertiggestellt.

Der Norden

Für die Bewohner von Palma ist der Norden schon fast ›Ausland‹. Wer einst vom Süden nach **Artà** (▶ J 3–4) fuhr, unternahm eine Reise. Vielleicht deshalb haben sich die Städte und Dörfer im Norden ihr Eigenleben erhalten, auch wenn es bei **Capdepera** (▶ K 3) und **Alcúdia** (▶ G 2) Tourismushochburgen wie Cala Ratjada oder Can Picafort gibt. Sie haben aber nur im Sommer Saison.

Schroffe Berge, Ausläufer der Tramuntana, wechseln sich ab mit langen Sandstränden und dem wichtigsten Naturschutzgebiet der Insel, der Sumpflandschaft **La Albufera** (▶ G 2–3) im Dreieck zwischen Sa Pobla, Alcúdia und Muro. Die Albufera ist die wichtigste

Station für Millionen Zugvögel. Zwischen Artà und **Colònia de Sant Pere** (▶ J 3) liegt außerdem das Naturschutzgebiet Parc Natural de la Peninsula de Levant.

Die Ost- und Südküste

Hier blühen die ersten Mandeln, hier ist das Klima so sanft wie die Hügel der **Serres de Llevant** (▶ J 3–H 6)

Zwischen **Canyamel** (▶ K 4) und dem **Cap de ses Salines** (▶ G 8) liegen die schönsten Buchten der Insel. Fjordartig tief ins Land eingeschnitten bieten sie fast alle feinen Sandstrand. Der Strand von Es Trenc zwischen **Colònia de Sant Jordi** (▶ F 8) und Sa Ràpita war einst ein gut gehandelter Geheimtipp und ist immer noch einer der schönsten Strände der Insel, wenn auch im Sommer gut besucht.

An den Südküsten östlich und westlich von Palma hat der Tourismus jahrzehntelange Tradition, **S'Arenal** (▶ D 6) und die Platja de Palma stehen für ›Ballermann‹, aber auch für Familienferien.

In Palmanova und Magaluf ›regieren‹ die Engländer, **Santa Ponça** (▶ B 5/6) und **Peguera** (▶ B 5) sind deutsche Hochburgen mit Partymeile und Diskotheken.

Es Pla – das Inselinnere

Ganz unbeleckt vom Fremdenverkehr sind sie auch nicht mehr, die Dörfer und Städte der Ebene wie **Sineu** (▶ F 4) oder **Petra** (▶ G 4), seit hier viele Mallorca-Residenten Ursprünglichkeit suchen. Einige von ihnen im weiteren Umkreis von Palma sind längst zu Schlafstädten für jene geworden, die in der Stadt arbeiten. In den vergangenen zwanzig Jahren haben immer mehr kleine Agrotourismus-Hotels in Bauernhöfen und Landgütern eröffnet – gut geeignet als Ausgangspunkt für Touren über die Insel. Ein Leihwagen ist dann unerlässlich.

Aber die Landwirtschaft blüht hier noch; das Leben hat einen ruhigeren Gang. Mit Wochenmärkten und Landwirtschaftsmessen, mit kleinen Bars und urigen Restaurants.

Ein Bergdorf wie aus dem Bilderbuch – Fornalutx in der Tramuntana

Schlaglichter und Impressionen

Wenn Steine reden könnten

Talayots, die Wehr-, Wach- und Wohntürme der Bronzezeit, entstanden zwischen 2000 und 1500 v. Chr. unter dem Einfluss von Seefahrern aus dem östlichen Mittelmeer. Zu jener Zeit dürfte es etwa 500 Siedlungen auf Mallorca gegeben haben. Die Seefahrer lehrten die Insulaner, mächtige Quadersteine, Megalithe, aufeinanderzutürmen – ohne Mörtel, versteht sich.

Der typische Talayot hat einen runden oder ovalen Grundriss, dessen Durchmesser 8 m erreichen kann. Errichtet wurden die Talayots einzeln auf Anhöhen oder als Befestigungsbauten. Das erste wissenschaftliche Werk über die Bauten dieser Epoche erschien 1818. Verfasser war Dr. Ramis i Ramis, der den Begriff ›Talayotische Kultur‹ schuf.

Das Wort geht auf das arabische *atalyi* – Wache, Wachturm – zurück, also auf den gleichen Wortstamm, aus dem man den Begriff ›Atalaya‹, die Bezeichnung der mittelalterlichen Wachtürme, ableitet. Es dürfte ein Geheimnis bleiben, aufgrund welcher Ursache diese einst so kopfstarke Bevölkerung – man geht von etwa 200 Einwohnern pro Siedlung aus –, ohne weitere Spuren als ihre Bauten zu hinterlassen, völlig verschwunden ist.

Bars und Cafés

Die Bar – das ist in Spanien eine Institution, ein zweites Zuhause. Man besucht die Bar am Morgen zum Frühstück, am Vormittag auf einen Kaffee, vor oder nach dem Mittagessen, nach der Arbeit und vor dem Abendessen. Die Bar, die iberische Antwort auf das Kaffeehaus, ist Treffpunkt, Wohnzimmer, Vereinslokal, Klatschbörse. Ein Barbesitzer kann alles, hat alles und weiß alles.

Allein in Palma gibt es etwa 2000 Bars und Cafés. Einige sind altehrwürdig, voller Tradition, oft liebevoll restauriert für ein alteingesessenes Stammpublikum, manche einfach nur praktisch mit Neonröhren, Fernseher und Spielautomat, andere modern oder gemütlich gestylt. Aber jede Bar hat ihr ganz eigenes, unverwechselbares Ambiente.

Fires – die Wiederbelebung einer alten Tradition

Früher, als das ländliche Leben auf Mallorca noch vom Rhythmus der Jahreszeiten bestimmt war, begann der Reigen der *fires,* der Landwirtschaftsmessen, im Herbst. Die wichtigste *fira* auf Mallorca ist bis heute der ›Dijous Bo‹ in Inca. Die *fira* war Gelegenheit zur Abrechnung zwischen Gutsherren und Pächtern. Man zeigte, was man im Laufe des Jahres erwirtschaftet hatte und ersetzte Werkzeuge und Gerätschaften.

In den 1950er- und 1960er-Jahren beklagten die Mallorquiner den Niedergang der *fires.* Mit dem Tourismusboom glaubten die Menschen, ohne die alten Bräuche auskommen zu können.

Heute ist das anders. Bis zu 10 000 Besucher an einem Sonntag sind keine Seltenheit. Das Angebot hat sich gewandelt. Ausgestellt werden die neuesten Landmaschinen japanischer Herkunft. Händler mit frischem Gemüse und Obst, Handwerker kommen aus den Dörfern. Afrikaner, die Massenware aus Hongkong oder Taiwan anbieten, sind an der Tagesordnung. Dennoch: Nirgends kauft man scharfe Messer,

Gehört zu einem mallorquinischen Frühstück und ist ein beliebtes Mitbringsel – Ensaïmada

Hämmer und andere Werkzeuge so gut und preiswert wie auf den *fires.* Immer noch ist das Angebot an Tongeschirr nirgends so gut wie dort. Termine erfährt man in den Tourismusbüros.

Ensaïmada

Kein Frühstück ohne *ensaïmada.* Das gilt zwar nicht mehr für alle Mallorquiner, denn das Gebäck in der Form eines flachgedrückten Turbans ist kalorienreich. Aber es gilt immer noch als typisch, und man leistet es sich auch als Dessert, dann mit unterschiedlichen Füllungen. Zu Feiertagen häufen sich in den Bäckereien die Vorbestellungen für *ensaïmadas* in gigantischer Größe für die ganze Familie.

Jeder gute Bäcker setzt seinen ganzen Stolz darein, besonders gute *ensaïmadas* zu produzieren. Ganz frisch müssen sie sein und locker, die obere Teigschicht leicht gebläht und etwas knusprig. Die köstliche süße Fettigkeit sitzt im Inneren. Manche Bäcker sagen, dass nur das Schmalz mallorquinischer Schweine verwendet werden sollte.

Der Teig aus Wasser, Zucker, Mehl, Eiern, Hefe, Schmalz und Speisestärke muss nach kräftigem Durchkneten mindestens vierzehn Stunden ruhen und leicht fermentieren, bevor er in Form gebracht und nach Möglichkeit im Holzofen gebacken wird.

Klassik in schönem Rahmen

Konzerte klassischer Musik auf Mallorca haben eines gemeinsam: Sie finden in besonders schönem Rahmen statt. In Klöstern und Kirchen, im Castell Bellver, im Museu de Mallorca, auf Plätzen und Straßen.

Manche der Konzertzyklen haben internationales Format, etwa das Musikfestival von Pollença, das im Kreuzgang des Klosters Santo Domingo stattfindet und von Anfang an große Interpreten anlockte. Auch das Musikfestival von Deià hat Tradition. Es wurde von den amerikanischen Musikern Stephanie Shepard und Patrick Meadows gegründet. Aufführungsort ist das Landgut Son Marroig. Es wird vor allem Kammermusik geboten.

Das Castell Bellver ist einer der schönsten Aufführungsorte der Insel, auch wenn Experten die Qualität der Akustik bemängeln. Sommerserenaden

Schlaglichter und Impressionen

Bevor Mandeln in der Küche landen, müssen die Bäume gepflegt werden

sind in der Pfarrkirche von Banyalbufar zu hören, meist im September. Nur der klassischen Gitarre sind die Konzerte in der Pfarrkirche von Estellencs gewidmet. Von Juli bis September veranstalten verschiedene Dörfer in Kirchen oder Klöstern ein Musikfestival mit Interpreten von der Insel und aus dem Ausland.

Jahrelange Reputation hat das Klavierfestival Frédéric Chopin in der Kartause von Valldemossa. Das Festival MúsicaMallorca bietet im Oktober/November Belcanto vom Feinsten.

Palma veranstaltet außerdem Opernaufführungen mit Gastspielen renommierter Bühnen und ein alljährliches Ballettfestival mit klassischem und spanischem Tanz. Die winterlichen Konzerte mit dem Sinfonieorchester der Balearen unter wechselnden Dirigenten müssen den Vergleich mit anderen europäischen Städten nicht scheuen.

Sieben Millionen Mandelbäume

Mallorca ist berühmt für seine Mandeln. Vor allem der Blüten wegen, die die Insel jedes Jahr im Januar und Februar mit einem Traum aus Weiß und Rosa überziehen. Mandeln – es gibt auf der Insel rund siebzig Sorten – finden auch in der Küche Mallorcas vielseitige Verwendung.

Die Palette reicht von gesalzenen und gerösteten Mandeln, die man zu einem Aperitif reicht, bis zum klassischen Mandelkuchen, dem *gató,* von dem schon George Sand begeistert war. Geröstete Mandeln werden beispielsweise zum Hühnereintopf mit Gemüse serviert oder sind raffinierter Bestandteil der *crema d'ametlla,* einer herzhaften Suppe, die, mit Hühnerbrühe und gestoßenen Mandeln bereitet, im Sommer kalt und im Winter heiß serviert wird.

Noch um 1970 war Mallorca der größte spanische Mandelproduzent. Die Süßwarenindustrie von Valencia und Toledo riss sich um die Mallorca-Mandel mit dem herbsüßen Geschmack.

Doch dann tauchten in Tarragona die ersten ›Industrie-Mandeln‹ auf: schöne, gleichförmige Kerne, die ansehnlicher und besser zu verarbeiten waren als die kleinen Sorten aus Mallorca.

Bald ernteten die Bauern nicht mehr, sondern ließen die Früchte am Ast verkommen. In den letzten Jahren nahm der Mandelanbau wieder Aufschwung. Als Gründe werden genannt: die schlechte Mandelernte in den Anbaugebieten weltweit sowie ein deutlich gestiegener Konsum an Mandeln.

Flagge von Mallorca

Schneehäuser
Ein begehrtes Geschäft war in alten Zeiten das Schneesammeln. In Wanderbeschreibungen ist immer wieder von den sogenannten Schneehäusern, den *cases de sa neu,* die Rede. Das sind tiefe Gruben in der Erde, die mit einem Dach aus Natursteinen bedeckt sind. In früheren Jahren wurde dort in den Wintermonaten der Schnee aufbewahrt. Mit Schneesammeln konnte man auf Mallorca gutes Geld verdienen.

Im Jahr 1700 erkannte der Mallorquiner Joan Martorell, genannt ›Joan de S'Aigo‹ – Wasserhannes – die Möglichkeit, mit dem Schnee des Gebirges einen blühenden Handel aufzuziehen. Joan ließ ihn sammeln, einlagern und verkaufte ihn im Sommer, wenn Erfrischungen gefragt waren. Mit Erfolg. Wie auch nicht, denn er fügte pro Glas ein Scheibchen Zitrone, Erdbeere oder Aprikose hinzu. Das sah nicht nur hübsch aus, das gab auch einen ganz besonderen Geschmack. Heute sind Eis und heiße Schokolade in Can Joan de S'Aigo berühmt.

Daten und Fakten

Lage und Größe: Mallorca liegt auf 39,5 Grad Nord und 3 Grad Ost im Zentrum des westlichen Mittelmeeres und ist mit 3648 km^2 die größte der Baleareninseln. Die Insel zählt 53 Gemeinden mit insgesamt rund 860.000 Einwohnern.
Höchste Erhebung: Der Puig Maior misst 1445 m.
Städte: Palma ist Inselhauptstadt, Verwaltungs- und Regierungssitz (400 000 Einw.). Es folgen Manacor (42 000 Einw.) und Inca (27 000 Einw.). Die kleinste Gemeinde ist Escorca mit 310 Einwohnern.
Ausländer: 110 000 Ausländer leben fest auf der Insel, davon etwa 60 000 Deutsche. Rund die Hälfte ist legal gemeldet.
Tourismus/Wirtschaft: Es gibt ca. 1200 Hotels mit knapp 250 000 Betten. Jährlich kommen knapp 10 Mio. Urlauber auf die Insel, davon 4 Mio. Deutsche, Schweizer und Österreicher. Der Tourismus schafft im Sommer 100 000 Arbeitsplätze. Der Flughafen Son Sant Joan verzeichnet pro Jahr etwa 23 Mio. Passagiere und wird von 200 Destinationen in 31 Staaten angeflogen.

Geschichte, Gegenwart, Zukunft

Frühgeschichte

Die wichtigsten historischen Bauwerke der mallorquinischen Frühgeschichte sind die Talayots, am besten zu sehen bei Llucmajor. Diese bronzezeitlichen Megalithbauten wurden ab 3500 v. Chr. als Wohn- und Wehrsiedlungen in vielen Teilen der Insel errichtet.

Die Römer

Von den Römern, die die Insel 123 v. Chr. eroberten, ist außer in der Siedlung ›Pollentia‹ (heute Alcúdia) wenig zu sehen. Die Römer prägten die Insel maßgeblich. Sie brachten Weinstöcke, Ölbäume und Getreide. Sie gründeten Städte, bauten Befestigungen und Straßen. Das heutige Straßennetz der Insel folgt den Routen der Römer.

Die Vandalen, die zwischen 450 und 530 die Insel beherrschten, hinterließen keine Spuren; die nachfolgenden Byzantiner bauten die ersten Kirchen.

Die Araber

Im Jahr 903 wurde Mallorca arabisch. In dieser Zeit lebten Christen, Juden und Moslems friedlich zusammen. Die Araber bauten die Trockensteinmauern der Insel, ohne Bindemittel, ohne Mörtel, sie installierten Wasserleitungen, die z. T. noch heute in Betrieb sind, und sie veränderten und prägten die Landschaft der Insel, die Küche, die Sprache. Es gibt viele Ortsbezeichnungen und Nachnamen, die aus dieser Epoche stammen. Aus arabischer Zeit sind heute lediglich noch Reste der arabischen Bäder und der Almudaina-Bogen in Palma zu sehen. Außerdem der Almudaina-Palast, der Residenz der christlichen Könige wurde.

Christliche Eroberer

Die Eroberer unter König Jaume I. von Aragón schleiften zwar die arabische ›Medina Mayurka‹, brachten der Insel aber auch eine Blütezeit. Rege Bautätigkeit begann. Die Kathedrale entstand, die Kirchen Sant Francesc, Santa Eulàlia, Sant Nicolas und etliche Klöster, die z. T. bis heute noch von Nonnen und Mönchen bewohnt sind. Und das Castell Bellver, erbaut im 13. Jh. durch die mallorquinischen Könige. Der Traum vom eigenen Königreich währte nicht lange; ab 1349 gehörte Mallorca wieder zum Königreich von Aragón.

Mit der Heirat der Katholischen Könige Isabella von Kastilien und Ferdinand von Aragón und der Eroberung der ›Neuen Welt‹ 1492 fiel Mallorca in einen Dornröschenschlaf, verlor seine strategisch wichtige Bedeutung. Wie mächtig die Handelsmetropole Palma war, zeigt die Llotja, die einstige Seehandelsbörse. Von hier aus unterhielt man auch Beziehungen zu 45 Konsulaten im Mittelmeerraum.

Die jüdische Bevölkerung

Juden lebten seit dem 4. Jh. auf Mallorca. Weitere kamen mit den christlichen Aragonesen. Jaume I. gab ihnen eine Reihe von Rechten. Doch ab 1270 galt die Regel: Juden und Christen sollten getrennt voneinander wohnen. In der Folgezeit wurden etliche Dekrete erlassen, die die Bewegungsfreiheit der Juden einschränkten.

1492 wurden alle Juden vor die Alternative gestellt, entweder auszuwandern oder sich taufen zu lassen. In der Mitte des 15. Jh. entstanden die Vorschriften über die sogenannte ›Blut-

reinheit‹. Die Inquisition überprüfte die Abstammung eines jeden, der aus welchen Gründen auch immer von wem auch immer denunziert wurde. Das galt auch für Mallorca.

Doch schon zuvor hatte sich Hass entladen. 1391 wurden Hunderte von jüdischen Mitbürgern als lebende Fackeln vom Runddach des Castillo Bellver in die Tiefe gestürzt. Das Ghetto wurde geschliffen. Wer überlebte, ließ sich taufen.

Die katholischen Juden mussten ihre Häuser an der Seeseite von Palma aufgeben und erhielten ein Ghetto zugewiesen: Es Call. Im Laufe der Jahrhunderte gab es mehrere Ghettos in Palma, Inca und Manacor. Bis zum Ende des 17. Jh. wütete das Heilige Offizium.

Gegenwart und Ausblick

Die ersten Fremden kamen gegen Ende des 19. Jh. In den 1950er-Jahren begann der Tourismusboom und machte die Insel zur wichtigsten Feriendestination Europas. Er veränderte Sitten und Bräuche, katapultierte die Mallorquiner

von jetzt auf gleich in ein anderes Zeitalter. Was der Insel nicht nur Wohlstand bescherte, sondern auch Rückbesinnung auf die eigene Identität. Das äußert sich in der oft militanten Handhabung der ›Inselsprache‹, des Mallorquín, eines Dialekts der katalanischen Sprache.

Kritik an der allzu starken Bebauung wird längst allenthalben laut. Naturschutz wird schon seit Jahren groß geschrieben; Gemeinden und Landesregierung machen sich dafür stark, kaufen – oft mit finanzieller Hilfe der Madrider Zentralregierung – durch Bauspekulation gefährdete Gebiete. Nachhaltigkeit und Qualität lautet inzwischen die neue Maxime, zumal die scheinbar bewährten, althergebrachten Formen des Tourismus kaum noch haltbar sind. Selbst der gute alte ›Ballermann‹ kränkelt. Inzwischen muss der ›Tourismus der großen Zahl‹ mit den Golfern, den Jacht- und Zweithausbesitzern leben. Denn Mallorca ist längst auch zum Treff der Reichen und Schönen geworden.

Erbe der Araber – die Banys Àrabs in Palma

Pauschal oder individuell?

Vom einfachen Ein-Stern-Hostal bis zum Luxushotel reicht das Unterkunftsangebot. Im Rahmen eines Pauschalpaketes der Reiseveranstalter sind die Preise oft günstiger als bei individueller Buchung. Die Reiseveranstalter haben auch kleinere Hotels und Ferienwohnungen sowie Unterkünfte für Finca-Ferien im Programm.

Die Hotelpreise in diesem Reiseführer beziehen sich, soweit nicht anders angegeben, auf ein Doppelzimmer mit Frühstück. Besonders bei den reinen Strandhotels differieren die Preise in der Vor- und Hauptsaison erheblich, bei den Fincas und Landhotels dagegen nur wenig. Die Preise in Landhotels, die meist nicht nach Sternen eingeteilt sind,

reichen, je nach Ausstattung und Lage, von 80 bis 500 € (ohne Frühstück).

Die Hotelempfehlungen in diesem Buch richten sich vornehmlich an Individualreisende. Größere Strandhotels wurden nur aufgenommen, wenn sie aufgrund ihrer Lage oder ihrer Architektur etwas Besonderes bieten. In allen Ferienorten gibt es jedoch zahlreiche weitere Unterkünfte. Viele der großen Hotels haben gute bis sehr gute Wellnessangebote (Hinweise beim jeweiligen Hotel).

Der einzige Campingplatz der Insel befindet sich bei Can Picafort, ist aber wenig empfehlenswert

Landhotels und Fincas

Ferien auf dem Lande, auf Landgütern, Bauernhöfen oder in den Dörfern erleben in den letzten zehn Jahren einen absoluten Boom, denn diese Form des Urlaubs ist für Familien mit Kindern besonders gut geeignet und sie garantiert meist einen echten Kontakt zu Mallorquinern. Das Angebot reicht von einfach bis sehr luxuriös, in einigen Fällen sogar mit Gourmetrestaurant, Pools und Beauty-Center. Aber auch in den einfachsten Unterkünften hat der Gast ein eigenes Bad.

Und auch wenn das Haus kein eigenes Restaurant hat, kann man nach vorheriger Anmeldung dort essen. Meist kocht die Besitzerin oder eine Verwandte selbst, sodass man fast immer gute, authentische mallorquinische Küche bekommt. Die Preise für diese Menüs, die sich nach dem Marktangebot und den Wünschen der Gäste richten, liegen zwischen 25 und 40 €.

Mallorca bietet viele stilvolle Unterkünfte auf dem Land

Urlauber in den Landhotels brauchen zwangsläufig einen Mietwagen. Busse oder andere öffentliche Verkehrsmittel gibt es nicht. Landhotels unterteilen sich in drei Kategorien: Hotel Rural – immer auf dem Lande gelegen, aber nicht zwangsläufig mit angegliederter Landwirtschaft; Hotel Interior – das sind oft kleinere, Pensionen ähnliche Häuser in Dörfern und Kleinstädten; und die Fincas – Bauernhöfe und Landgüter abseits der Küste im Landesinneren.

Anbieter und Infos

MC-Fincaservice: Kurfürstenstr. 34, 80801 München, Tel. 089 48 74 21, www.fincaservice.de. Bietet Fincas kombiniert mit Mietwagen. Auf der Website kann der Katalog bestellt werden.

Associaciò Agroturisme Balear: Av. Gabriel Alomar Villalonga 8 A, 2e A, Tel. 0034 971 72 15 08, www.agroturismobalear.com oder www.topfincas.com. Der Verband für Urlaub auf dem Land schickt auf Anfrage einen Prospekt zu.

Küstenorte im Überblick

In den Ferienorten an der Küste finden Sie unzählige Bars, Cafeterías, Pubs, Restaurants, meist auch Discos und Einkaufsmöglichkeiten für alles, was man im Urlaub braucht.

Die Hotels an der **Platja de Palma** und **S'Arenal** (▶ D 5/6) garantieren viel turbulentes Nachtleben, aber auch perfekten Strandservice und unmittelbare Nähe zur Hauptstadt Palma. Taxis sind preiswert; Busse verkehren bis in den Abend.

In **Can Picafort** (▶ H 3), **Port d'Alcúdia** (▶ G 2), **Cala Ratjada** (▶ K 3) ist nur in den Sommermonaten viel los, im Winter ist alles sehr ruhig. Die meisten Hotels sind dann geschlossen, oft auch die Restaurants.

Peguera (▶ B 5) und **Santa Ponça** (▶ B 5/6) sind im Sommer von Familien mit Kindern frequentiert; im Winter (wie auch die Platja de Palma) von Langzeiturlaubern. Peguera ist ein idealer Ausgangspunkt für Wanderungen.

Für **Portals Nous** (▶ C 5) und **Port d'Andratx** (▶ A 5), wo es nur wenige Hotels gibt, gilt: sehen und gesehen werden. In **Estellencs** (▶ B 4), **Deià**, (▶ C 3) **Banyalbufar** (▶ B 5) und **Sóller** (▶ D 3) sieht man vor allem Individualreisende.

Reservierungen

In der Hochsaison oder an Feiertagen wie Weihnachten, Ostern und Pfingsten ist es unbedingt ratsam, nicht ohne vorherige Hotelreservierung anzureisen. Am Flughafen gibt es eine Unterkunftsvermittlung (s. S. 18), die zu den Haupttreisezeiten allerdings oft überlastet ist.

Unterkunft im Kloster

In einigen schön gelegenen Klöstern – etwa **Lluc** (s. S. 66) in der Tramuntana, **Nostra Senyora de Cura** (s. S. 110) in der Zentralebene oder **Sant Salvador** (s. S. 108) bei Felanitx – kann man übernachten. Eine Reservierung ist besonders in der Hochsaison ratsam. In dieser Zeit nutzen viele Spanier die preiswerte Übernachtungsmöglichkeit. Hinweise beim jeweiligen Ort, im Internet auch unter www.klosterreisen.de.

Essen und Trinken

Jahreskalender kulinarisch

Traditionelle Gerichte sind auf Mallorca immer an Klima, Jahreszeit und die Fiestas gebunden. So könnte man einen kulinarischen Jahreskalender erstellen, der am 16. Januar mit der Festa de Sant Antoni beginnt.

Auftakt im Januar

Dieses Fest wäre nicht komplett ohne die *espinagada*, einen ölhaltigen Blechkuchen mit Gemüsen und zehn Zentimeter langen Aal-Stücken. Am Vorabend der Festa de Sant Sebastià am 19. Januar in Palma ist nicht nur Feiern, sondern auch Grillen angesagt. Überall in der Stadt gibt es Feuerstellen, auf denen mitgebrachte Würste gebraten werden.

Im Frühling

Bald kommt die Fastenzeit. Völlern ist erst wieder zu Ostern angesagt. Ostern ohne *panades*, das ist wie Weihnachten ohne Krippe. »Menja obligada per Pasco … i d'uns quants dies despres«, heißt es in einem 300 Jahre alten Dokument, das auch vorschreibt, wie die

panades zubereitet sein müssen, mit Teig und Lammfleisch.

Mit dem Beginn der wärmeren Jahreszeit ändert sich der Speisezettel. April, Mai und Juni ist die Zeit der ersten Früchte. Auch diese haben hierzulande ihren Schutzpatron. Aprikosen Sant Antoni de Pàdua, Birnen den hl. Petrus.

Süße Leckereien im Sommer

Im Juli sind die Feigen reif für das bis heute berühmte Feigenbrot. Einen Monat später, zu Mariä Himmelfahrt am 15. August, werden die ersten Mandelsorten geerntet. Also steht Mandelkuchen auf dem Speisezettel. Wenn auch nicht nur zu dieser Zeit.

Völlerei im Herbst

Im September dann die Weinlese. Als Lohn für die Schufterei wird den Erntearbeitern oft *fideuà* serviert, ein Nudelgericht mit diversen Fleischsorten.

Im Herbst wird die Küche der Insel deftiger. Weniger Salate und feine Gemüse, dafür mehr Kohl und Bohnen, mehr Eintopfgerichte. Es ist die Zeit für *arroz brut* (schmutziger Reis), ein Gericht mit Fleisch, Reis und Gemüse. Oder für *lomb amb col,* eine Art Kohlroulade. Für Spanferkel und natürlich für Pilze, vor allem für die *esclatasangs,* deren Preis gut 50 € pro Kilo erreichen kann.

Eine Herbstspezialität ist die *llampuga* (Goldmakrele), die nur von September bis November gefischt wird; man bereitet sie gebraten mit Paprikaschoten zu. Neuerdings wird sie auch geräuchert.

Der 20. Oktober, der Tag der hl. Ursula, ist ein Tag für Leckermäuler. In der Nacht ziehen die jungen Männer zu den

Als Mallorcas Nationalgericht schlechthin darf man **pa amb óli** – Brot mit Öl – bezeichnen, dunkles geröstetes Brot, das mit einer frisch aufgeschnittenen Tomate und Knoblauch bestrichen und dann mit Olivenöl beträufelt wird. Viele Mallorquiner lassen für *pa amb óli* die feinste Nouvelle Cuisine stehen.

Häusern, in denen ›Jungfrauen‹ leben und bringen ihnen ein Ständchen. Dafür bekommen sie *bunyols,* ein Schmalzgebäck, und ein Glas Malvasierwein. Die Leckereien gibt es von Oktober bis Allerheiligen.

Zu Allerheiligen haben Bäckereien Hochbetrieb. Man kauft *rosaris* (Rosenkränze) und *panellets* (kleine Küchlein). Die süßen Rosenkränze entsprechen der katholischen Vorschrift: ein Kreuz an der Kette mit drei Kugeln und dann fünf mal zehn kleinere Kugeln für die ›Ave Maria‹, abgesetzt jeweils durch eine große für das ›Vater Unser‹ und das ›Ehre sei dem Vater‹.

Würste

Mallorquiner lieben ihre Würste, die *longaniza,* die ebenso wie ihre ›große Schwester‹, die *sobrassada* aus Teilen des frisch geschlachteten Schweines zubereitet und mit rotem angebautem Paprika gewürzt wird. Die *sobrassada* ist dick und kurz, die *longaniza* dünn und lang. Auch bei den Blutwürsten unterscheiden sich die Formen: die *butifarrà* ist kurz und dünn, der *butifarron* weitaus dicker.

Tapas

Auch wenn sie nicht wirklich nach Mallorca gehören – Tapas gibt es überall. Eine Tapas-Bar bietet bis zu 20 (kalte und heiße) Sorten: eingelegte Sardinen, *ensaladilla* (eine Art Kartoffelsalat), gefüllte Muscheln, Fleischbällchen …

Restaurantkultur

Gut essen ist auf Mallorca längst nicht mehr billig. Das Preisniveau in Restau-

Was gut schmecken soll, will gut kontrolliert sein – Mallorquiner lieben Wurst

rants ist europäisch. Wirkliche Feinschmeckerrestaurants nehmen 80 bis 120 € für ein mehrgängiges Menü. Viele Lokale bieten – vor allem mittags – ein *menú del día* (Tagesmenü), das schmeckt und bei einem Preis von 10 bis 18 € erschwinglich ist.

So gut wie alle Restaurants akzeptieren die gängigen Kreditkarten. In Cafeterias oder Bars zahlt man in der Regel bar. Rechnungen gibt es nur für den ganzen Tisch – es ist unüblich, dass jeder für sich bezahlt. Wer dennoch Einzelrechnungen wünscht, muss dies dem Kellner bei der Bestellung mitteilen.

In Spanien isst man zu anderen Zeiten: Das Mittagessen findet nie vor 14 Uhr statt. Zu Abend essen Spanier in der Regel nicht vor 21 Uhr, im Sommer kann es auch gegen 23 Uhr sein. Die Zeiten in den Hotels – oft schon um 18.30 Uhr – sind ein Zugeständnis an die Touristen. Restaurants haben in der Regel von 13 bis 15.30 und von 19 bis 23 Uhr geöffnet.

Anreise

Mit dem Flugzeug

Das **Flugangebot** nach Mallorca ist vielfältig; die Insel wird von fast allen europäischen Flughäfen angeflogen. Bei rechtzeitiger Buchung gibt es sehr günstige Preise, die je nach Saison allerdings recht unterschiedlich sein können, wie etwa bei Air Berlin, LTU, TUIfly, German Wings oder Condor. Sportgeräte und Fahrräder sollten bei Buchung angemeldet werden.

Die Liniendienste von Iberia und Lufthansa sind selten und teuer. Über günstige Flüge kann man sich auch über www.opodo.de oder www.flug.de informieren.

Air Berlin: www.airberlin.com
Condor: www.condor.com
TUIfly: www.tuifly.com
German Wings: www.germanwings.com
LTU: www.ltu.de

Flughafen Son Sant Joan: 8 km außerhalb von Palma mit eigenem Autobahnanschluss, Tel. 971 26 14 78. Die Wege innerhalb des Airports sind lang. In der Ankunftshalle kann man schon während des Wartens auf der Koffer evtl. ein Mietwagenbüro kontaktieren.
Spanische Flughafenzentrale: Tel. 902 40 47 04, www.aena.es.
Service im Flughafen: Hotelreservierungen sind am Flughafen möglich. Es gibt eine **Touristeninformation**, Tel. 971 78 95 56, außerdem Banken und Geldautomaten.
Beschwerdestelle: Direkt im Flughafen von Mallorca wurde im März 2010

ein Verbraucherschutz-Büro für Beschwerden von Flugreisenden eingerichtet. Das Büro im Abflugbereich ist von 7 bis 20 Uhr geöffnet und mit sechs Mitarbeitern besetzt, die möglichst noch an Ort und Stelle Beschwerden von Reisenden entgegennehmen und den Passagieren zu ihren Rechten verhelfen sollen.
Weiterfahrt vom Flughafen: Der Flughafenbus Nr. 1 fährt von 6 bis 2.30 Uhr alle 15 bis 30 Minute zur Plaça Espanya – von dort starten Bahnen und Busse in fast alle Orte der Insel – und nach Portopí. Taxen gibt es am Flughafen rund um die Uhr.

Mit dem Schiff

Eine Anreise per Schiff ist ab Barcelona (oder auch Valencia) möglich: 1–2 x tgl. verkehren Schiffe von Acciona-Trasmediterranea, www.trasmediterranea.es. Alle Fährschiffe erreichen Mallorca im Hafen Estació Marítima am äußersten Ende des Passeig Marítim im Südwesten von Palma.

Einreisebestimmungen

Für die Einreise nach Mallorca benötigen Deutsche, Schweizer und Österreicher einen gültigen Reisepass oder Personalausweis. Ab sechs Monaten Aufenthalt muss man sich beim Ausländeramt registrieren lassen.
Zollbstimmungen: Die Binnenzölle zwischen den EU-Staaten sind entfallen. Wer jedoch im Duty-Free-Shop oder im Flugzeug einkauft, darf nur 1 l Spirituosen oder 2 l Wein sowie 200 Zigaretten zollfrei mitnehmen. Diese Grenzen gelten auch für Schweizer Staatsbürger.

Feiertage

1. Januar: Neujahr
6. Januar: Dreikönigstag
1. März: Día de les Illes Balears (Balearentag) in Erinnerung an das Inkrafttreten des Autonomiestatuts der Insel
Ostern: oft von Gründonnerstag, z. T. ab Karfreitag bis Ostersonntag, in manchen Jahren bis Ostermontag
1. Mai: Tag der Arbeit
25. Juli: Sant Jaume (Santiago)
15. August: Mariä Himmelfahrt
1. November: Allerheiligen
12. Oktober: Spanischer Nationalfeiertag
6. Dezember: Tag der Verfassung
8. Dezember: Unbefleckte Empfängnis
25. Dezember: 1. Weihnachtsfeiertag

Feste und Events

Dreikönigstag: 6. Januar, am Vorabend ziehen meist ab 19 Uhr die Könige im feierlichen Zug durch Palma. Die Kinder können dann auf ein Geschenk hoffen. Auf dem Dorf geben die Eltern die Geschenke beim Pfarrer ab, der diese dann mit ›Pagen‹ verteilt.
Festa de Sant Antoni: 16./17. Januar, am Vorabend ist auf Mallorca der Teufel los. Dann tanzen Teufel und Dämonen auf den Straßen, um den Heiligen zu versuchen. Am Tag darauf werden in Palma zwischen Kathedrale und Carrer Sant Miquel die Haustiere gesegnet.
Festa de Sant Sebatià: 20. Januar, Palma feiert den Schutzpatron, s. S. 45.
Karneval: Feb./März, am Karnevalssamstag gibt es ›Sa Rueta‹, den Kinderumzug, am Sonntag ›Sa Rua‹, einen spektakulären Umzug in Palma.
Fira de Ram: Ende Februar bis nach Ostern, Osterkirmes mit vielen Schaustellern auf dem Gelände Son Fuster in Palma am Beginn der Autobahn nach Inca.
Setmana Santa: Ostern, bereits vor dem wichtigsten religiösen Fest in Spanien und auf Mallorca, finden in Palma von Palmsonntag bis Karfreitag täglich Prozessionen statt. Viel besucht sind auch die Prozessionen der Büßer am Gründonnerstag und Karfreitag in Pollença und Sineu.
Fronleichnam: Mit Prozessionen in einigen Dörfern und in Palma. Rund um diesen Feiertag sind fast alle historischen Innenhöfe in Palma der Öffentlichkeit zugänglich.
Patronatsfeste: Ende Juni bis Anfang September, zu Ehren der jeweiligen Stadt- und Dorfheiligen. Die wichtigsten:
Sant Joan: 24. Juni, mit Picknick an den Stränden rund um Palma, manchmal Feuerwerk. Und in vielen Dörfern wird auch gefeiert.
Sant Pere: 29. Juni, mit Schiffsprozessionen in Port d'Andratx, Cala Ratjada, Colonia de Sant Pere, Port de Sóller.
Festa de la Verge del Carme: 16. Juli, mit Schiffsprozessionen im Süden der Insel.
Sant Jaume Apòstol: 25. Juli, halb Mallorca feiert, die andere Hälfte ist eingeladen zum Namenstag all derer, die nach Santiago und dem König Jaume I. von Aragón benannt sind.
Santa Catalina Tomàs: Juli, September und Oktober, in Valldemossa, Santa Margalida und Palma ehrt man die einzige Inselheilige. Immer stellt ein kleines Mädchen die Heilige dar.
Weinlese: Oktober, wenn in Binissalem und den anderen Anbaugebieten die Weinlese stattfindet, gibt es große Feste. Dann wird der Wein verkostet, die Weinkönigin gewählt und man feiert lange und ausgiebig.
Tot Sants: 1. Novemer: Ganz Mallor-

ca geht traditionsgemäß auf den Friedhof, um mit Unmengen von Blumen die Toten zu ehren. In Palma findet rund um den Hauptfriedhof am Carrer Jesús ein Blumenmarkt statt.

Weihnachten: Am 24. Dezember geht man zur ›Missa del Gal‹, der Mitternachtsmesse. Dort gibt es den ›Cant de la Sibil.la‹, einen ursprünglich heidnischen Brauch. Seit dem 12. Jh. erklingt der Sibyllengesang in Mallorquín. Am schönsten in der Kathedrale von Palma. Neben der traditionellen Krippe ist inzwischen auch der Weihnachtsbaum gebräuchlich.

31. Dezember: Man wirft sich in Schale und lässt Sektkorken knallen, isst Glückstrauben – bei jedem Glockenschlag um Mitternacht eine. Das bringt Glück für jeden Monat des kommenden Jahres. Wenn frau dann noch rote Unterwäsche trägt …

Geld

Auf Mallorca gilt der Euro. Die Verbreitung von Banken und Bankautomaten ist gut. Kreditkarten werden (fast) überall akzeptiert. Das Preisniveau ist mindestens so hoch wie in Deutschland.

Gesundheit

In allen Ferienorten und in Palma gibt es Ärztezentren, in denen auch Deutsch gesprochen wird. Alle Kliniken verfügen über Dolmetscher. In den staatlichen Gesundheitszentren werden EU-Bürger mit Europäischer Krankenversicherungskarte (EHIC) kostenlos behandelt (zu Hause ausstellen lassen). Eine unabhängige Arztwahl ist nur mit einer privaten Reisekrankenversicherung möglich. In den beiden deutschsprachigen Wochenzeitungen »Mallorca Magazin«

und »Mallorca Zeitung« finden Sie fast alle deutschen Ärzte, gleich welcher Fachrichtung. An fast allen Stränden gibt es Erste-Hilfe-Stationen.

Informationsquellen

Spanische Fremdenverkehrsämter im Ausland

Zentrale Website von Turespaña: **www.spain.info**

10707 Berlin: Kurfürstendamm 63, Tel. 030 882 65 43

40237 Düsseldorf: Grafenberger Allee 100, Tel. 0211 680 39 80

60323 Frankfurt/M.: Myliusstr. 14, Tel. 069 72 50 33

80336 München: Schubertstr. 10, Tel. 089 530 74 60

1010 Wien: Walfischgasse 8, Tel. 01 512 95 80

8008 Zürich: Seefeldstr. 19, Tel. 044 253 60 50

Informationen auf Mallorca

In Palma und allen Ferienorten der Insel gibt es Tourismusinformationsbüros (www.mallorcaonline.com). Dort erhält man Auskunft zum jeweiligen Ort, zu Preisen, Restaurants, aktuellen Veranstaltungen, kulturellen Einrichtungen, sowie Pläne für Bus- und Zugverbindungen. Manche Büros haben auch Tipps für Wander- und Radausflüge.

Die deutschsprachigen Wochenzeitungen »Mallorca Magazin«, www.mallorcamagazin.net, und »Mallorca Zeitung«, www.mallorcazeitung.es, veröffentlichen umfassende Veranstaltungskalender und viele nützliche Infos. Erscheinungsdatum ist jeweils am Donnerstag.

Alle deutschsprachigen Tageszeitungen und Zeitschriften sind auf Mallorca bereits am Erscheinungstag zu bekommen.

Informationen im Internet

www.illesbalears.es: Offizielle Website der Landesregierung mit Infos zu Gastronomie, Veranstaltungen, Hotels, Sport, Stränden und Freizeit.

www.visitbalears.com: Die offizielle Website des Tourismusministeriums (auch auf Deutsch) ist ordentlich gemacht und wird ständig aktualisiert. Sie bietet Basisinformationen zu Ausstellungen, Veranstaltungen und Fiestas. Berücksichtigt werden auch die häufig wechselnden Öffnungszeiten von Kirchen und Museen.

www.newsmallorca.com: Website des mallorquinischen Fremdenverkehrsverbandes ›Fomento de Turismo‹ mit Hintergrundinformationen, Hinweisen zu Veranstaltungen, Liste der Wochenmärkte.

www.artescenic.es: Eine täglich aktualisierte Infoseite zu allen Veranstaltungen der Insel – Theater, Konzerte, Tanz, Folklore. Auf der Seite kann man auch Karten reservieren.

www.turart.net: Website mit aktuellen Informationen zu Galerien und Sonderausstellungen in Museen.

Kinder

Die meisten großen Hotels und Apartmentanlagen in den Ferienorten an der Küste sind für Kinder gut geeignet. Meist gibt es einen eigenen Pool für Kinder, einen Spielplatz und ein tägliches Animationsprogramm selbst für die Allerkleinsten. In diesen Ferienanlagen sind die sogenannten Mini- oder Teddyclubs schon für Kinder ab drei Jahren an der Tagesordnung. Die Luxushotels bieten oft einen Babysitterservice.

In den Agroturismo-Hotels auf dem Land können sich vor allem größere Kinder oft langweilen: zu smart, zu abgelegen, zu klein. Informieren Sie sich also am besten vorher per Website oder in ihrem Reisebüro, was die jeweilige Unterkunft bietet. Und ob dort Kinder überhaupt willkommen sind.

Mallorquiner sind wie alle Spanier überaus kinderfreundlich. Niemand fühlt sich gestört, wenn Kinder laut sind, toben oder die Szene beherrschen. Denn das tun die eigenen Kinder oft auch. Vor allem in den Sommermonaten, während der dreimonatigen Ferienzeit, sind Kinder oft sehr lange, oft bis Mitternacht auf. Ein Mittagsschlaf ist dann unabdingbar. Diese Sitte sollten Sie für Ihre Kinder übernehmen. In den Mittagsstunden sollten sich Kinder vor allem im Sommer zwischen 13 und 16 Uhr auf keinen Fall in der Sonne aufhalten.

Im Gegensatz zu vielen deutschen Restaurants sind Kinder in (fast allen) mallorquinischen Restaurants willkommen. In den Restaurants der Ferienorte gibt es Kinderteller für die Kleinen, in den typischen Inselkneipen, Bars und Restaurants sind sie allerdings unüblich. Mallorquinische Kinder wählen schon in jungen Jahren ihre Gerichte selbst aus.

Kinderermäßigung bei Eintritten betragen meist 40–50 % bis zu einem Alter von etwa zwölf Jahren. Eine allgemein gültige Regel gibt es nicht.

Alles, was man für Kleinkinder braucht (Windeln, Babynahrung), ist in Supermärkten, Apotheken und Drogerien erhältlich. Dies gilt sowohl in Palma, in den Feriengebieten und auf dem Dorf.

Die meisten Strände der Nordküste (Port d'Alcúdia, Can Picafort), der Ostküste (Cala Ratjada, Cala Millor, Sa Coma), der Südküste (Cala d'Or, Cala Mondragó, Es Trenc) und die Strände rund um Palma sind kinderfreundlich. Die Buchten an der Nordwestküste sind oft steinig.

Klima und Reisezeit

Eigentlich ist Mallorca von freundlichem Klima verwöhnt. Nur gelegentlich brechen Stürme, starke Niederschläge und heftige Wetterphänomene über die Insel herein. Hier gilt: Wenn schlechtes Wetter, dann richtig. Wenn Sommerhitze, dann steigen die Temperaturen wirklich. Doch an den Küsten weht im Sommer immer eine frische Brise; im Winter schützt das Tramuntana-Gebirge vor dauerhaften kalten Winden.

Mallorcas Klima ist gegensätzlich. Während in den Wintermonaten auch in niedrigen Lagen schon einmal Schnee fallen kann, ist es im Frühjahr und Herbst mild und häufig sonnig. Der Sommer lockt mit meist wolkenlosem Himmel.

Gegensätze herrschen oft auch innerhalb der Insel. Es kann passieren, dass in Palma schönstes Wetter ist, während in den Bergen Wolken und Regen vorherrschen oder umgekehrt.

Der weltweite Klimawandel ist auch auf Mallorca spürbar. Die Sommertemperaturen sind etwas höher als noch vor einigen Jahren; die damit verbundenen hohen Wassertemperaturen bis in den Oktober hinein verursachen gelegentlich Wirbelstürme.

Die Luftfeuchtigkeit ist ganzjährig hoch. Das beschert der Insel die saftige grüne und opulente Vegetation. Nur im Juli und August sind Felder und Wiesen braun; für Farbe sorgen dann die immergrünen Bäume wie Oliven, Steineichen und Johannisbrotbäume.

Öffnungszeiten

Geschäfte haben keine regelmäßigen Öffnungszeiten, allgemein gilt: 10–13 und 17–20 Uhr. Sonntags sind alle Geschäfte und Supermärkte geschlossen,

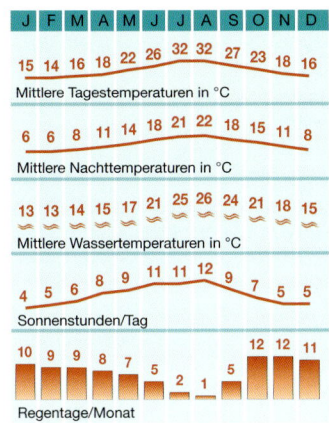

Klimadiagramm Palma

außer in einigen Ferienzentren, wo die Inhaber oft bis 23 Uhr oder länger öffnen.

Die Museen montags meist geschlossen. Genaue Angaben finden Sie bei den jeweiligen Orten.Banken sind Mo–Fr 8.30/9–14 Uhr geöffnet, Sa evtl. nur bis 13/13.30 Uhr.

Rauchen

Grundsätzlich gilt Rauchverbot in allen öffentlichen Räumen, wozu natürlich auch Restaurants und Cafés gehören. In Büros, auf Ämtern und in Supermärkten und Läden wird das Verbot strikt befolgt. In Restaurants und Bars sieht man die Sache gelassener. Barbesitzer entscheiden oft selbst, ob in ihrem Etablissement geraucht werden darf oder nicht. Gaststätten mit einer Fläche über 100 m² müssen eine Raucher- und eine Nichtraucherzone haben. Aber oft schert man sich gar nicht um Rauchen oder Nichtrauchen. Das Rauchverbot gilt nicht in Diskotheken, Nachtclubs und Cocktailbars, also überall dort, wo kein Essen serviert wird.

Der Umwelt zuliebe – nachhaltig reisen

Grüner Lifestyle ist in. Die Zahl der Menschen, die etwas für ihre Umwelt tun wollen, wächst ständig. Auch die Zahl der Urlauber. Der wichtigste Umweltschutzverband auf Mallorca ist **GOB**, Grup Baler d'Ornitologia i Defensa de la Naturalesa, dessen Website mit Tipps und Hinweisen auch auf Deutsch augerufen werden kann: www.gobmallorca.com.
Slow Food setzt sich für den Konsum von regionalen, saisonalen und nach traditionellen Methoden hergestellten Lebensmitteln ein. Unter http://slowfoodib.org, ›On trobar aliments bons, nets i justs‹, findet man eine Liste von mallorquinischen Direktvermarktern.
Einige Bodegas bieten mittlerweile **Bio-Weine** an.

Tabakwaren bekommt man nur in den ›Estancos‹, den monopolisierten Läden und an Automaten. Supermärkte und Lebensmittelläden vekaufen keine Zigaretten mehr.

Reisen mit Handicap

Viele Hotels sind inzwischen behindertengerecht eingerichtet, aber noch längst nicht alle. Deshalb sollte man sich bei Buchung entweder im Reisebüro oder auf der Hotel-Website genau informieren. Über die Website www.natko.de erhält man bei Eingabe des Suchbegriffs ›Mallorca‹ die Bezugsquelle der Broschüre ›Touristische Informationen über die Barrierefreiheit auf Mallorca‹ des Consell de Mallorca. Sie kann per E-Mail (info@mallorcaforall.com) gegen Portogebühr bestellt werden und ist außerdem kostenlos an der Touristeninformation am Flughafen erhältlich. Die Broschüre informiert auch auf Deutsch über die barrierefreie Nutzung der Verkehrsmittel und Einrichtungen – Stadtbusse, Züge, Flughafen, Autovermietungen, Parkhäuser. Zusätzlich werden 50 Sehenswürdigkeiten bzgl. Barrierefreiheit vorgestellt: Museen, historische Gebäude und Naturparks.

Sport und Aktivitäten

Baden und Strände

Früher wollte sie keiner haben, die Strände. Besaß ein Vater Land im Inselinneren und an der Küste, erbte der älteste Sohn den fruchtbaren Boden im Hinterland, während sich der zweite mit dem kargen Boden am Meer begnügen musste. Seine Nachkommen lachen sich heute ins Fäustchen, denn inzwischen sind die Strände Mallorcas größtes Kapital. 179 Buchten und Strände gibt es an der 581 km langen Küste: große und kleine, mit Felsen oder Sand, breite und schmale.

Als *der* Naturstrand schlechthin gilt **Des Trenc** (s. S. 94) im Süden. Ein 5 km langer Sandstrand mit einer weiten Dünenlandschaft. Hier gibt es (noch) keine Bebauung. Unbebaut ist auch der mittlere Abschnitt der Bucht von **Alcúdia** (s. S. 74), der jedoch von zwei Seiten her (Alcúdia und Can Picafort) zuwächst.

Welche Strände die schönsten sind? Die Meinungen gehen auseinander, die Geschmäcker sind eben verschieden: Wer sich von Felsen nicht abschrecken lässt, der ist mit Sicherheit mit der Cala Llamp (▶ A 5) im Südwesten bei Andratx gut beraten. Die felsige **Cala de Deià** (s. S. 58) ist klein, aber wunder-

Man kann sie noch finden, die mallorquinische Strandidylle

schön. Im Sommer ist sie an Wochenenden oft überlaufen. Als Geheimtipp gilt die **Cala Tuent** (s. S. 66) zwischen Port de Sóller und Sa Calobra. Hier entstehen allerdings bereits die ersten Chalets. Zur **Cala Figuera** (s. S. 73) auf der Halbinsel Formentor (nicht zu verwechseln mit Cala Figuera im Südwesten) muss man die letzten Meter zu Fuß zurücklegen. Dafür bekommt man hier Natur pur. Ungewöhnlich breit ist die **Cala Mesquida** (▶ K 3) nördlich von Capdepera.

Schön, wenn auch klein, sind die Buchten der Calas de Mallorca (▶ J 6), z. B. die Cala Virgili, Cala Bóta oder Cala Romeguera. Die kleinen Sandstrände wirken wie eine fjordähnliche Verlängerung der Buchten. Die **Cala Mondragó** (▶ H 7) ist zwar nicht mehr unbebaut, steht aber unter Naturschutz. Hier gibt es gleich mehrere geschützte Buchten mit feinem Sandstrand. Die **Cala Pi** (s. S. 108) südlich von Llucmajor zeichnet sich durch ganz besondere landschaftliche Schönheit aus (an Sommerwochenenden oft sehr voll!).

Die Wasserqualität an Mallorcas Stränden ist durchweg gut bis sehr gut. Das Umweltministerium veröffentlicht wöchentlich die Ergebnisse von Wasserproben.

Golf

Seit dem Frühjahr 2008 gibt es auf Mallorca 25 Golfplätze, von denen 21 auch Urlaubern offenstehen, vier davon sind nur 9-Loch-Plätze. Für Golfurlauber – 2009 kamen rund 120 000 – bietet sich die Nordostküste mit gleich vier Golfplätzen an. Aber auch Peguera, Santa Ponsa, Ses Illetes im Südwesten sind Golferziele. Rund um das Hotel Son Vida bei Palma liegen drei Plätze. Auf allen wird Ausrüstung verliehen. Im Allgemeinen sind die Plätze – fast alle in landschaftlich schöner Umgebung – gut gepflegt. In der Golf-Hochsaison, d. h. zwischen Oktober und April, sind die Plätze oft mehr als gut besucht. Dann startet man nicht wie üblich im Zehn-, sondern im Acht-Minuten-Takt. Auf den meisten Plätzen sorgen Golf-

Marshalls für zügigen Ablauf und die strikte Einhaltung der Etikette.
Infos: Balearischer Golfverband – Federación Balear de Golf, Palma, Avinguda Jaume II, 17–10, Büro no. 16, Tel. 971 72 27 53, www.fbgolf.com.
Im Internet: www.mallorcagolf.com. Die vermutlich beste Informationsquelle für Golfer, die alle Fragen zum Thema Golf beantwortet und täglich aktualisiert wird.
Golfkurse: www.golfschule.com.

Wandern
Wandern hat auf Mallorca Tradition. Die Insel bietet für Wanderer alle Schwierigkeitsgrade, vom bequemen Spaziergang bis zur sportlichen Klettertour. Immer mehr Wanderwege sind ausgeschildert, immer mehr Wanderbücher werden veröffentlicht. Und das Tourismusministerium hat den Trend erkannt. Das Netz an Schutzhütten wird immer weiter ausgebaut. Eine Wanderung durch die Serra de Tramuntana gehört zum Schönsten, was man auf Mallorca unternehmen kann. Doch Vorsicht: Regelmäßig müssen Ausflügler, die die Schwierigkeitsgrade und die Klimaschwankungen im Gebirge unterschätzen, aus Bergnot gerettet werden.

Eine der schönsten, allerdings auch nicht ganz ungefährlichen Wanderungen führt durch den Torrent de Pareis zur Bucht von Sa Calobra (s. S. 66).

Die öffentlichen Fincas, von der spanischen Regierung und der balearischen Landesregierung aufgekaufte Landgüter, sind besondere Anziehungspunkte für Wanderer.
Mar y Roc: Tel. 971 13 72 68, www.maryroc.de. Wandertouren, buchbar direkt oder in einigen Hotels.
Astrid Prinzessin zu Stolberg: Tel. 971 88 66 44 und 626 05 15 01, www.prinzessin-stolberg.com. Bietet ebenfalls Wandertouren an und stattet Wanderer, die ganz unabhängig sein möchten, auch mit einem entsprechenden GPS-Gerät aus.
Spanisch und Wandern: www.spanisch-und-wandern.com. Tour in die Berge in Begleitung eines Sprachlehrers und eines Wanderführers.
Schreiner und Stein: www.wanderreisen.de. Das Reisebüro ist der größte Anbieter von Wanderreisen.

Telefon und Internet

Man findet kaum noch Telefonzellen, die Münzen annehmen. **Telefonkarten** *(targetes telefòniques)* gibt es in allen ›Estancos‹, den staatlichen Tabakläden, und in den meisten Souvenirgeschäften. Alle spanischen Provinzen haben eine Vorwahl, die immer mitgewählt werden muss. Mallorca: 971, dann die Nummer des Teilnehmers.
Mobiltelefone: Deutsche Handys funktionieren in der Regel auch in Spanien. Will man von einem deutschen Handy ein spanisches Handy erreichen, muss man die Vorwahl für Spanien mitwählen. Will man von einem deutschen Handy ein anderes deutsches Handy in Spanien erreichen, muss man die deutsche Landesvorwahl mitwählen, dann die Handynummer ohne die 0.
Computer und Internet: Laptops können in vielen Hotels, Bars, Restarants und öffentlichen Gebäude (gekennzeichnet als ›Zona WIFI‹) kostenlos angeschlossen werden.

Verkehrsmittel

Bahn
Kaum jemand ist auf Mallorca mit der Bahn unterwegs. Es sei denn, mit der Nostalgie-Bahn zwischen Palma und Sóller (s. S. 63).

Vorwahlen und Telefonauskunft
nach Deutschland: **0049**
nach Österreich: **0043**
in die Schweiz: **0041**
nach Spanien: **0034**
Nationale Auskunft: **100 18 18**
Internationale Auskunft: **100 18 25**

Die Strecke Palma–Inca–Palma (Hin- und Rückfahrt 8 €) ist bis nach Sa Pobla und Manacor verlängert worden und damit interessanter geworden (Preis Sa Pobla–Manacor 13 €). Kinder unter 12 Jahren fahren gratis. Die Linie verkehrt tagsüber alle halbe Stunde, sodass man an einer der vielen Haltestellen (Santa María, Alarcó, Lloseta, Inca, Llubí, Sineu, Petra oder Muro) aussteigen und später weiterfahren kann. Der Bahnhof liegt in Palma an der Plaça d'Espanya. Züge verkehren zwischen 6 und 22 Uhr.

Bus
Das Netz der Überlandbusse und der Stadtbusse in Palma lässt immer noch zu wünschen übrig, wird aber ständig verbessert. Die einzige Ausnahme ist der Schnellbus von Platja de Palma/ S'Arenal nach Palma und zurück, der tagsüber alle 15 Min. verkehrt. Auskünfte über Busverbindungen in allen Informationsbüros oder am Busbahnhof von Palma (Plaça d'Espanya).

Taxi
Fahrten im Stadtbereich werden per Taxameter berechnet, außerhalb der Stadt gilt ein Festpreis nach einer Liste, die man sich jederzeit vorlegen lassen kann. Die lokalen Taxirufnummern erfährt man bei der Auskunft, im Hotel oder bei den Touristeninformationen.
Für Fahrten zum Flughafen, für Nacht- und Wochenendfahrten werden immer Gebühren erhoben.

Taxi Radio: Tel. 971 75 54 40 (für ganz Mallorca).
Taxi Palma Radio: Tel. 971 40 14 14 (für Palma und viele andere Orte).

Auto und Motorrad
Die Tarife für Mietwagen sind vor allem außerhalb der Hochsaison günstig. Es lohnt sich, vor Urlaubsantritt einen Leihwagen per Internet zu reservieren. Dabei unbedingt die Preise vergleichen und eine Vollkaskoversicherung abschließen. Mieter müssen je nach Leihfirma 21 bzw. 23 Jahre alt sein. Wer einen Mietwagen vorab bestellen möchte, ist bei www.net-mietwagen.de an der richtigen Adresse.
Mopeds werden in allen, Motorräder in fast allen Ferienorten vermietet. Ab 125 ccm ist ein Motorradführerschein erforderlich. Es besteht Helmpflicht.
Straßennetz: Das mallorquinische Straßennetz ist sehr gut ausgebaut. Vom Flughafen führt eine Autobahn zunächst in Richtung Palma, dort mündet sie in die Vía de Cintura, eine autobahnähnliche Umgehungsstraße rund um die Stadt. Von dieser aus erreicht man die Ausfahrtsstraßen zu fast allen Ferienorten im Norden und Südwesten. In Richtung Norden führt eine Autobahn bis nach Inca, die dann wiederum in eine Schnellstraße mündet. Viele Orte auf der Strecke nach Inca, Manacor oder weiter nach Artà liegen nicht mehr direkt an der Schnellstraße, sondern werden umfahren. Achten Sie auf die Abfahrtsschilder.
Fahrverhalten: Mallorquiner fahren zügig und offensiv. Eine Gefahr im Straßenverkehr sind Radler, die meist in größeren Gruppen auftauchen und oft mit überhöhter Geschwindigkeit die Bergstraßen hinunterfahren. Auf Landstraßen ist Vorsicht vor langsamen Treckern geboten, die unvermutet aus kleinen Seitenstraßen einbiegen.

Sicherheit und Notfälle

Obwohl Mallorca eine sichere Urlaubsregion ist, bestehlen Kriminelle Urlauber. Lassen Sie Gepäck oder Handtasche nicht unbeaufsichtigt, auch nicht im Auto oder am Strand. Auf entlegenen Parkplätzen kann der Kofferraum aufgebrochen werden. Aufpassen vor Nelkenfrauen, die bei Übergabe einer Blume blitzschnell das Portemonnaie leeren. Hütchenspieler veranlassen arglose Passanten mitzuspielen; lassen Sie sich nicht von den vermeintlichen Gewinnen anderer beeindrucken.

Wichtige Telefonnummern
Notruf: 112 (auch in deutscher Sprache)
Polizei: 062 (Guardia Civil), 092 (Policía Local), 091 (Policía Nacional)
Ambulanz (Ib-Salut de les Illes Balears): 961
Feuerwehr: 080
Pannenhilfe: ADA Tel. 971 20 59 12
Kartensperre: Wer EC- oder Kreditkarte bzw. sein Mobiltelefon verloren hat, sollte unter der rund um die Uhr erreichbaren zentralen Nummer 0049 116 116 bzw. 0049 30 40 50 40 50 den Zugang sperren lassen (www.kartensicherheit.de).

Deutsches Konsulat: Ed. Reina Constanz, Port Pí 8, 3. St., Palma, Tel. 971 70 77 37
Österreichisches Konsulat: Sindicat 69, Palma, Tel. 971 72 80 99
Schweizer Vizekonsulat: Antonia Martínez 6, 3°A, Palma, Tel. 971 76 88 36
Bei Diebstahl oder Verlust von Reisepass oder Personalausweis muss ein offizielles Ersatzdokument vom Konsulat ausgestellt werden. Mitzubringen sind: Polizeiprotokoll/Anzeige *(denuncia)*, eine beglaubigte Kopie des verloren gegangenen Dokuments und ein Passfoto. Ohne dieses Ersatzdokument akzeptieren die Fluglinien keine Passagiere. Am besten eine beglaubigte Kopie der Personalpapiere vor der Reise anfertigen und sie getrennt von den Papieren aufbewahren.

Verkehrsregeln: Auf Mallorca besteht Gurtpflicht, die häufig kontrolliert wird. Die Promillegrenze liegt bei 0,5. Höchstgeschwindigkeiten in Ortschaften 50 km/h, auf Landstraßen 90 km/h, auf Autobahnen 120 km/h.

Schiff

Im Sommer finden regelmäßig Ausflugsfahrten zu den Inseln Cabrera (s. S. 96) und Dragonera (s. S. 48) statt. Viele Reiseveranstalter bieten organisierte Bootsfahrten und Ausflüge entlang der Küste an. Ausflüge mit dem Schiff können Sie ebenfalls entlang der Ostküste zwischen Cala Ratjada, Portocristo und Cala Millor (www.crucerocreuers.com) und an der Nordküste zwischen Port d'Alcúdia und Platges de Muro (www.tmbrisa.com) unternehmen.

Flüge zum Festland und auf die Nachbarinseln

Mehrmals täglich gibt es Flüge nach Menorca und Ibiza. Am Wochenende und zu den Feiertagen sollte man das Inselhüpfen rechtzeitig buchen. Das Gleiche gilt auch für Luftverbindungen zum spanischen Festland. Hier ist das Angebot sowohl bei Linien- als auch bei Charterflügen recht groß.

Unterwegs auf Mallorca

»Moros a terra!« – ein Schreckensschrei, der einst die häufigen Überfälle und Raubzüge von Piraten ankündigte. Die Mallorquiner wussten sich zu helfen. Sie bauten an den Küsten Wachtürme, ›Atalayas‹ genannt. In nur neun Minuten, so wird erzählt, konnten so die Menschen auf der Insel gewarnt werden. Heute dienen die Wachtürme friedlichen Zwecken: Sie ermöglichen willkommenen Besuchern den Blick auf Berge und Meer.

Palma und Umgebung

Palma de Mallorca

▶ C/D 5

›Ciutat‹ – Stadt – nennen die Mallorquiner ihre Hauptstadt, eine stolze, weltoffene Metropole am Meer mit 2000-jähriger Geschichte und dem größten **Altstadtkern** (s. S. 34) Europas. Palma – das ist Mittelmeer pur.

Vom **Castell Bellver** (s. S. 40) kann man sehen, wie die Stadt im Laufe der Jahrhunderte wuchs: Um den Kern mit der **Kathedrale** (s. S. 37) im Zentrum gruppieren sich Bauten vom Ende des 19./beginnenden 20. Jh., dahinter das Weiß der neueren Betonfassaden; das Einerlei genormter Satellitenstädte und trister Vorstadtwüsten fehlt.

Bis ins 19. Jh. war der Ring der Stadtmauer noch weitgehend geschlossen und bis 1960 erhob sich die Kathedrale direkt am Meer. Die Meerespromenade, der Passeig Marítim mit Hotels, Restaurants und Bars, wurde Anfang der 1960er-Jahre aufgeschüttet.

Palma ist eine glückliche Stadt. Seit mehr als 700 Jahren blieb ihr Zerstörung durch Katastrophen erspart. Auch während des spanischen Bürgerkrieges hielt sich der Schaden in Grenzen. So konnte das seit der Wiedereroberung 1229 durch Jaume I. von Aragòn gewachsene Stadtbild bewahrt werden.

Palma wächst und wächst, hat inzwischen 400 000 Einwohner. Die Verkehrssituation ist beklagenswert, Parkraum gibt es zu wenig. Das tägliche Chaos ist atemberaubend. Doch die Stadt wird dank fortschreitender Restaurierungen auch immer schöner. Und für Urlauber ist Palma sowieso der Anziehungspunkt schlechthin.

Museu Fundació Juan March [1]

Sant Miquel 11, www.march.es, Mo–Fr 10–18.30, Sa 10–13.30 Uhr, Eintritt frei

Die Kunststiftung der Banca March im Gebäude der ersten Filiale zeigt Bilder und Skulpturen von Picasso, Tàpies, Miró, Barceló und anderen führenden spanischen Künstlern sowie Wechselausstellungen zeitgenössischer Kunst.

Mercat Olivar [2]

Plaça Olivar, Mo–Do 7–13, Fr 7–18 Uhr

Die Fischhalle ist absolut sehenswert. Gleich daneben gibt es Gemüse und Fleisch, meist von der Insel. Die **Bar del Peix** [9] in der Fischhalle gilt als die beste Tapas-Bar Mallorcas. Hier serviert José María Gómez, was die Fischhändler am frühen Morgen bringen.

Gran Hotel La Caixa Forum [3]

Plaça Weyler 3, www.obrasocial. lacaixa.es, Di–Sa 10–21, So 10–14 Uhr, Eintritt frei

Das Jugendstilgebäude im katalanischen Stil war einst das erste Luxushotel der Insel, heute ist es Kulturzentrum. Zu sehen sind als Dauerausstellung die Sammlung des Malers Anglada Camarasa sowie Wechselausstellungen zu

unterschiedlichen Themen. Konzerte, Café und Kunstbuchhandlung.

Centre de Cultura Sa Nostra 4

Concepció 12, www.obrasocial sanostra.com, Eintritt frei
Kulturzentrum mit Wechselausstellungen, Konzerten, Vorträgen. Gutes Restaurant mit Gartenterrasse.

Casal Solleric 5

Passeig d'es Born 15, www.palma demallorca.es, Di–Sa 10–14, 17–21, So 10–13.30 Uhr, Eintritt frei
Der Stadtpalast aus dem Jahr 1763 hat einen wunderschönen Innenhof. Untergebracht sind hier ein Ausstellungszentrum für Kunst und Kultur, außerdem ein Touristenbüro, Café und eine Kunstbuchhandlung.

Sa Llotja 6

Passeig Sagrera, Di–Sa 11–14, 17–21 Uhr, Eintritt frei
Die ehemalige Seehandelsbörse, 1451 vom mallorquinischen Baumeister Guillem Sagrera vollendet, ist ganz der Gotik Kataloniens verpflichtet. Palma war zu dieser Zeit reich und unterhielt im Mittelmeerraum 35 Konsulate und Niederlassungen. Im Innenraum eine hübsche Reminiszenz an das maritime Erbe: Sechs spiralig gedrehte Säulen, die die Palmen an der Promenade symbolisieren, tragen das Gewölbe. Heute ist die Börse Ausstellungsort für Kunst.

Parc de la Mar 7

Die Grünzone zwischen Stadtmauer und Kathedrale wurde vor gut 25 Jahren angelegt. Die Kathedrale spiegelt sich in dem großen See wie einst im Meer. Von Ende Juni bis Anfang September gibt es hier Open-Air-Kino, Konzerte, Folklore. Ein Skulpturenpark zeigt zeitgenössische Plastiken. Besonders sehenswert: die Keramikwand von Lluís Castaldo nach Entwürfen von Joan Miró. Innerhalb der Stadtmauer zeigt **Ses Voltes** Wechselausstellungen moderner Kunst (Di–Sa 10–17.45, So und Fei 10–13.45 Uhr, Eintritt frei.)

Obere Altstadt 8 – 16

`direkt 1` ▷ S. 34

Kathedrale 17

`direkt 2` ▷ S. 37 ▷ S. 40

Gaudí & Co. lassen grüßen – in Palmas Zentrum gibt es herrliche Jugendstilgebäude

Palma de Mallorca

Sehenswert

1. Museu Fundaciò Juan March
2. Mercat Olivar
3. Gran Hotel La Caixa Forum
4. Centre de Cultura Sa Nostra
5. Casal Solleric
6. Sa Llotja
7. Parc de la Mar
8. Banys Àrabs
9. Palau de s'Almudaina
10. Sant Francesc
11. Monti.Sion
12. Santa Clara
13. Sant Jeroni
14. Museu de Mallorca
15. Museu Diocesà
16. Casa Museu J. Torrents Lladó
17. La Seu
18. Palau March
19. Castell Bellver
20. Museu Militar Sant Carles
21. Es Baluard

Übernachten

1. Hostal Brondo
2. San Lorenzo
3. Santa Clara Urban Hotel & Spa
4. Hotel Palau Sa Font
5. Hotel Convent de la Missió
6. Hotel Ciutat Jardí
7. Sheraton Arabella Golf Hotel

Essen und Trinken

1. Casa Eduardo
2. Es Baluard
3. Los Rafaeles
4. Simply Fosh
5. La Bodeguilla
6. Sa Premsa
7. Entre Tapas y Vinos
8. La Taberna del Caracol
9. Bar del Peix
10. Carrer Apuntadores

Einkaufen

1. El Estanco
2. Can Frasquet
3. Especias Crespi
4. Sombrería Casa Julià
5. El Corte Inglés
6. El Corte Inglés
7. Dialog

Ausgehen

1. Bar Abaco
2. Blue Jazz Club
3. Tito's Palma
4. Club de Mar

Sport und Aktivitäten

1. Fosh Food

1 | Gassen und Paläste – Palmas obere Altstadt

Cityplan: ▶ S. 32 | **Detailkarte:** S. 36

Palma hat den größten geschlossenen Altstadtkern Europas. Hier in den engen Gassen zwischen Kathedrale und Avingudas finden Sie Stille, Schweigen, ganz wie es Santiago Rusinyol 1922 in »Mallorca – Insel der Ruhe« beschrieb.

Römer und Araber

Die Römer siedelten im einstigen ›Palmaria‹ zwischen Avinguda Antonio Maura im Westen und Avinguda Gabriel Alomar i Villalonga im Nordosten der Stadt (123 v. Chr. –ca. 400 n.Chr.); das einstige Forum lag vermutlich am heutigen Standort des Estudio Lulliano, Sant Roc. Hier erstreckte sich auch die arabische ›Medina Mayurka‹. Als die christlichen Eroberer aus Aragón die Stadt 1229 übernahmen, zerstörten sie fast alle Bauten aus der maurischen Blütezeit (901–1229). Übrig sind nur noch Relikte: der Bogen im Carrer Almudaina und die **Banys Àrabs** **8**.

Almudaina-Palast

Der **Palau de s'Almudaina** **9**, einst arabischer Regierungssitz, ist bis heute eines der bedeutendsten Baudenkmäler Palmas. Hier residierten bis zur Wiedereroberung Mallorcas durch König Jaume I. die arabischen Herrscher.

Der Wali und seine Besucher, wie auch die nach ihm im Almudaina-Palast residierenden Könige von Mallorca, konnten per Boot direkt bis an die Mauern des Palastes gelangen, heute liegt hier der Garten **S'Hort del Rei**.

Der Erobererkönig Jaume I. bekundete wenig Interesse an dem Gebäude. Sein Sohn hingegen, Jaume II., ließ zwischen 1303 und 1311 bedeutende Umbauten vornehmen.

Um die beiden Innenhöfe gruppieren sich mehrere Gebäudeteile und die **Capilla de Santa Ana** (1305). Zum Meer hin erhebt sich die **Torre del Angel**, der Turm mit dem bronzenen Engel (1309), dem Wächter des Königs.

Der **Thronsaal** wurde 1983 erstmals wieder genutzt, als hier der spanische Ministerrat unter dem Vorsitz von König Juan Carlos tagte. Stilvoll ist die Umgebung, mit Teppichen aus dem 16. und 17. Jahrhundert, die u. a. den Tod der Cleopatra und Noah nach der Sintflut darstellen. Wandteppiche, meist aus Flandern und Brabant, sind der große Reichtum des Gebäudes.

Das Prunkstück des ersten Stocks ist der **gotische Saal** mit Steinbögen und Holzdecken. Hier findet jedes Jahr ein Empfang der Königsfamilie statt.

Patios und Innenhöfe

Die meisten Paläste entstanden im 15. bis 17. Jh. Um den Patio gruppieren sich die einzelnen Elemente. Zur **Galerie** im ersten Stock führt meist eine schön geschwungene Treppe. Unabdingbar ist der **Brunnen**, der allen Bewohnern zugänglich sein muss. Die Größe des Patios ergab sich aus dem Reichtum der Bauherren. Gefordert war Platz für mindestens 25 Reiter samt ihrer Pferde. In der ersten Etage, der **Planta Noble**, wohnte die Familie, im Stock darüber das Gesinde. Auffällig sind die vom italienischen Vorbild völlig abweichenden ›mallorquinischen‹ Korbbögen: eine Besonderheit, die sich aus dem Baumaterial ergab. Der Sandstein aus Santanyí ließ sich nicht zu den italienischen Renaissancebögen zwingen, sondern nur zu abgeflachten Bögen verarbeiten.

Die Fassaden sind schlicht wie auch die Portale, die metallene, manchmal vergoldete Türklopfer aufweisen. Deren Formen wurden ebenfalls aus Italien importiert. Das arabische Wort *aldaba* – Türklopfer – weist daraufhin, dass sie schon bei den Arabern Sitte waren.

Heute erleben die Paläste eine Renaissance. Nachdem sich Besitzer nicht mehr in der Lage sahen, Erhalt und Pflege zu finanzieren, wurden viele der historischen Häuser modernisiert und zu Apartments umgewandelt.

Die Kirche Sant Francesc

Viele Kirchen von Palma entstanden nach der christlichen Rückeroberung im 13. Jh. auf den Grundmauern von Moscheen: Santa Eulalia, Sant Miquel und **Sant Francesc** 10, letzteres eines der ältesten christlichen Bauwerke der Insel.

Die siegreichen Aragonesen wollten der Stadt so schnell wie möglich ein neues Gesicht geben und nutzten vorhandene Fundamente. Die Kirchen erfuhren im Laufe der Jahrhunderte immer wieder bauliche Veränderungen im jeweiligen Stil der Zeit.

Zwei bedeutende Gestalten der mallorquinischen Geistesgeschichte sind mit dem Kloster Sant Francesc verbunden: **Ramón Llull** (s. S. 111), der Philosoph, Eremit, Missionar, Dichter, Kirchenlehrer und Vater der katalanischen Sprache, und der Missionar **Fra Juníper Serra** (s. S. 105).

Man betritt den Kirchenraum vom **Kreuzgang**, der heute als größter spätgotischer Kirchhof Europas gilt. In den umgebenden Gebäuden ist seit Jahrhunderten eines der besten Internate der Insel untergebracht. Der ›Schulhof‹ ist auf dem Dach. In der **Sakristei** befindet sich ein kleines Museum mit wertvollen Kultgegenständen und gotischen Gemälden.

Die Kirche selbst ist ein Langbau mit tief heruntergezogenen Gewölben. Es gibt keine Seitenschiffe, dafür zwischen den Strebepfeilern einige Kapellen. Aus dem 15. Jh. stammen der **Altaraufsatz** und das **Chorgestühl**.

In der **Krypta** (1736) liegen Ordensbrüder begraben. Auch Ramón Llull sollte hier bestattet werden. Es kam nicht dazu. Er fand seine letzte Ruhestätte in einer Seitenkapelle links der Apsis. Sein Grabmal aus Alabaster be-

Palma und Umgebung

steht aus einem Podest mit sieben Säulen, in den Bögen waren einst die Figuren der sieben Weisheiten zu finden.

Die schlichte, ausgewogene **Kirchenfassade** hat ein barockes Portal mit platteresken Elementen. Über dem Eingang das Abbild der Mutergottes. Darüber Fensterrose und die Figur des hl. Georg, des Drachentöters.

Auch in anderen Kirchen ist religiöser Schmuck vor allem in den Innenräumen zu finden, außer bei der Jesuitenkirche **Monti.Sion** 11, die eine barocke Fassade hat. Klöster wie **Santa Clara** 12, Santa Clara, oder **Sant Jeroni** 13, Plaça Sant Jeroni, sind von außen fast nicht als solche zu erkennen; die Nonnen und Mönche leben zurückgezogen.

Stadtmauer

Viele der Gassen in Nord-Südrichtung enden an der Stadtmauer, die im 16. Jh. zu Verteidigungszwecken errichtet und um die Wende des 19./20. Jh. zum Teil abgerissen wurde. Durch die einstigen Stadttore gibt es immer wieder unerwartete Ausblicke zum Meer.

Öffnungszeiten

Banys Àrabs: Can d'en Serra, tgl. 9.30–18 Uhr, 2 €. Es sind nurmehr Reste dieser arabischen Bäder zu sehen.
Palau de s'Almudaina: Palau Reial, Mo–Fr 10–18.30 (Winter 14–16 Uhr geschl.), Sa 10–14 Uhr, Besichtigung nur mit Führung (in Deutsch), 3,20 €.
Kirche Sant Francesc: Plaça Sant Francesc 7, Mo–Sa 9–12.30, 15–18, So 9–12.30 Uhr, 1 €.

Patios

Um Fronleichnam sind viele Patios zugänglich. Geführte Rundgänge Tel. 636 43 00 00; Besucherzentrum im Estudi General Lullià, Sant Roc 4.

Was es noch zu sehen gibt

Museu de Mallorca 14: Portella 5, Di–Sa 10–19, So 10–14 Uhr, 2,50 €. Ca. 3000 Exponate aus Frühgeschichte, Antike, Mittelalter, Renaissance, Barock und Jugendstil. Im Juli/August finden hier Jazz- und Klassikkonzerte statt. Samstagvormittags gibt es fast ganzjährig Programme für Kinder.
Museu Diocesà 15: Mirador 5, Mo–Sa 10–14 Uhr, 3 €. Madonnenfiguren aus mehreren Jahrhunderten und gotische Malerei des 14. und 15. Jh.
Casa Museu J. Torrents Lladó 16: de la Portella 9, Mo–Fr 10–18, Sa 10–14 Uhr, 4 €. Museum zu Ehren des Malers Torrents Lladó (1946–1993).

2 | Wunder aus Stein und Licht – Palmas Kathedrale

Cityplan: ▶ S. 32 | **Detailkarte:** S. 39

Die Kathedrale 17 – in Palma ›La Seu‹, Bischofssitz, genannnt – ist das Wahrzeichen der Stadt. Das gotische Bauwerk grüßte einst Seefahrer und Besucher von Weitem und beherrscht bis heute die Meeresfront mit seinem hellen, ockerfarbenen Stein. In dem Gotteshaus finden Sie Kunstwerke vom 14. Jahrhundert bis heute.

Die Baugeschichte

Am Neujahrstag des Jahres 1230 errichteten die christlichen Eroberer des Königs Jaume I. von Aragón vor der Hauptmoschee von Palma ein Holzkreuz und feierten die Heilige Messe.

Der König gelobte, die Moschee in eine Marienkirche umzuwandeln, die schönste, die »je auf Erden war«. Der Bau ging anfangs rasch vonstatten: Die Apsis entstand, der Hochaltar.

Sein Sohn, König Jaume II., residierte meist in Montpellier. Trotzdem griff er tief in die eigene Tasche, sodass die Dreifaltigkeitskapelle rechtzeitig vollendet werden konnte: 1311 wurde er dort beigesetzt.

Die folgenden 100 Jahre brachten kaum Fortschritte. 1412 errichtete man das hohe Mittelschiff. Man engagierte namhafte Baumeister, Bildhauer und Steinmetze: Pedro Morey etwa, oder Guillermo Sagrera. Um 1500 endlich war der Kathedralenbau dreischiffig bis zur Höhe der Seitenportale erkennbar. 1587 wurden die Schlusssteine in die Gewölbe der Seitenschiffe eingefügt. Fünf Jahre später legte man den Grundstein für das Hauptportal, das 1601 fertiggestellt wurde und damit eines der schönsten gotischen Gotteshäuser im Mittelmeerraum vollendete.

Neugestaltung

Doch der Bau blieb weiter im Wandel. Spaniens berühmter Architekt **Antoni Gaudí** leitete um 1904 die Verände-

rungen des Altarraumes. Der riesige Leuchter über dem Altar (14. Jh.) wurde im Rahmen seiner Reformarbeiten angebracht. Schön das Chorgestühl, das Gaudí hierher verlegte, mit mehr als 100 reich geschnitzten Sitzen. Gaudí schmückte einige der Wände mit Keramiken, die die Firma La Roqueta nach seinen Entwürfen anfertigte. Er platzierte den Hochaltar weiter vorne, sodass der große Altar fast frei steht. Über dem Hauptaltar sieht man Gaudís umstrittenen Baldachin mit vielen kleinen Lämpchen.

La Seu ist einzig unter den Gotteshäusern Spaniens. Sie ist heiter, elegant, charmant: Eine fröhliche Kathedrale, ohne finster dreinblickende Türme. Selbst der unvollendete Glockenturm hat keine wehrhaft drohende Gebärde.

Übrigens: Santiago Rusinyol (1861–1931) sagte über den Bau: »Es gibt wohl wenige Kathedralen, die den Eindruck erwecken, aus einem Hammerschlag entstanden zu sein, in einem einzigen schöpferischen Augenblick, aus einem einzigen Block, wie diese – die Kathedrale von Palma.«

Der Kirchenschatz

In den beiden Kapitelsälen, dem gotischen mit dem schönen Kreuzgewölbe und dem barocken, sowie in der Sakristei ist der Kirchenschatz untergebracht: Altarbilder, Reliquienschreine, Kruzifixe, Kandelaber aus drei Jahrhunderten. Das Prachtstück der Sammlung ist eine kostbare Monstranz von 1585.

Miquel Barceló

Mit der Gestaltung der Sankt-Peters-Kapelle durch den Künstler Miquel Barceló im Jahr 2007 hielt die zeitgenössische Kunst Einzug in die Kathedrale.

Die Wände der gotischen Kapelle wurden durch 300 m² Keramikteile – insgesamt mehr als 2000 Einzelmodule – ausgekleidet. Das Mobiliar, Bänke, Altar, Lesepult, ist schlicht, einfach, gerade, aus glattem Marmor, ohne jeden Schnörkel.

Die 12 m hohen Glasfenster erstaunen. Barceló hat mattes, schlichtes Grau gewählt, um das diffuse Licht des Meeres unter der Wasseroberfläche zu symbolisieren. So wird kühles Licht zum Kontrast zu den übrigen Farben der Keramiken. Das Motiv im Hauptfenster ist der Baum der Erkenntnis. Barceló hat in der Form des Baumes auch die Form der Rückengräte eines Fisches versteckt. Womit er beim Thema seiner Keramiken ist: Christi wundersame Vermehrung von Brot und Fisch. Und vor allem, was die Erde den Menschen beschert. Von Plankton und Algen über Fische und anderes Meeresgetier bis zu Brot und Feldfrüchten. Darüber ein strahlender Himmel.

Hier ist der ganze Kosmos versammelt, hier ist mediterranes Lebensgefühl eingefangen. Alles symbolisiert auch Mallorca, ist in den Farben der Insel gehalten – Ocker, Rot, Gelb, Blau, Grün – Farben, wie Miró sie malte.

Die Christusfigur in der Mitte unter dem Hauptfenster ist kein Herrscher, sondern eine schmale Figur: Gottes Sohn, der zu den Menschen gesandt wurde, um sie zu erlösen. Wie es die christliche Botschaft will.

Die Rosette

Wenn am 2. Februar und am 14. November die Sonne scheint, versammeln sich die Menschen schon um 8 Uhr in der Kathedrale. Dann strahlt die Morgensonne über Palma im richtigen Winkel durch die Rosette an der Ostfront, sodass ihre 1236 bunten Glasteile, kunstvoll zu geometrischen Mustern und Blumenornamenten zusammenge-

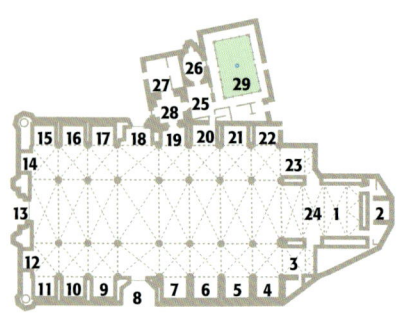

setzt, genau auf der gegenüberliegen-
den Wand zu sehen sind. An diesen
Tagen öffnet die Kathedrale bereits zur
frühen Stunde. Die Rosette entstand
unter Bischof Galiani im 14. Jh. und gilt
mit ihrem Durchmesser von knapp
11 m als die größte der Welt.

El Cant de la Sibil.la

Für gläubige Mallorquiner ist der ›Cant
de la Sibil.la‹ einer der Höhepunkte des
kirchlichen Jahres. Der Sybillen-Gesang
erklingt immer vor der Mitternachtsmesse am Heiligen Abend. Die Sibila
singt weder spanisch noch lateinisch.
Seit dem 12. Jh. singt sie in der Sprache
Mallorcas, in Mallorquín.

Wahrscheinlich kam der Sybillen-
Gesang mit den Römern nach Mallorca und wurde im Zuge der Christiani-
sierung in den Ritus der Weihnachts-
messe aufgenommen. Früher sangen
Knaben die Sibil.la, heute auch Frauen
und Mädchen. Während ihres Vortra-
ges tragen sie eine Tunika in hellblau-
er Farbe, einen Kopfschmuck mit Bän-
dern, und in der Hand ein Schwert als
Zeichen der Gerechtigkeit. Der Text hat
acht Strophen mit Refrain, der vom
Weltgericht, von Jesus als König der
Welt und von der Ehre der Muttergot-
tes erzählt. Seit Dezember 2003 steht
der Gesang der Sibil.la unter Denkmalschutz.

Öffnungszeiten
Palau Reial 29, Juni–Sept. Mo–Fr 10–
18.15, April–Mai Mo–Fr 10–17.15,
Nov.–März 10–15.15, Sa ganzjährig
10–14.15 Uhr, 3,50 €. So, Fei Eintritt
nur für Besucher der Messen.

Palau March 18

Palau Reial s/n, Mo–Fr 10–18,
Sa 10–14 Uhr, 4,50 €

Das Museum im sehenswerten Stadtpalast der Familie March (20. Jh.) stellt
moderne Kunst aus, z. T. aus dem
Skulpturengarten der Familie in Cala
Ratjada, sowie spanische Madonnenfiguren aus dem 11. bis 14. Jh. Dazu eine neapolitanische Krippe mit rund
3000 Figuren.

Castell Bellver 19

Mo–Sa 8–19.15, So 10–17 Uhr, 2,50 €
Auf einem Hügel westlich der Hafen-
bucht steht der elegante Rundbau aus
dem 13. Jh., einst Sommersitz der mallorquinischen Könige, später auch Ker-
ker. Besonders schön ist der Innenhof
mit der Loggien-Galerie und dem Zieh-
brunnen. Drinnen sind das Museum zur
Stadtgeschichte sowie die Antiken-
sammlung des Kardinals Despuig untergebracht. Im Sommer finden hier
Konzerte statt.

Museu Militar Sant Carles 20

Dique del Oeste, Mo–Fr 9–13 Uhr,
Eintritt frei
In einer mittelalterlichen Festungsanla-
ge oberhalb des Fährhafens werden
Waffen, Rüstungen, Dokumente und
Schlachtordnungen aus mehreren Jahr-
hunderten präsentiert.

Museum Es Baluard 21

direkt 3 ▶ S. 42

Übernachten

Einfach – **Hostal Brondo** 1 : C'an
Brondo 1, Tel. 971 71 90 43, www.
hostalbrondo.com, DZ 55–70 €. Zentral
gelegenes, freundliches Hostal. Kein
Frühstück, viele Bars in unmittelbarer
Nähe.
Klein, aber fein – **San Lorenzo** 2 :
San Lorenzo 14, Tel. 971 72 82 00,

www.hotelsanlorenzo.com, DZ 160–
250 €, Frühstück 12–16 € extra. Hotel
mit nur 12 Betten in einem alten Stadtpalais. Die Zimmer sind mit edlen Antiquitäten ausgestattet. Kleiner Pool im
Patio. Hier wird im Sommer auch das
Frühstück serviert.
Klösterlich und komfortabel – **Santa
Clara Urban Hotel & Spa** 3 : Sant
Alonso 16, Tel. 971 72 92 31, www.
santaclarahotel.es, DZ ab 120 €. Mo-
dernste Technik in einem alten Stadtpalast mitten in der Altstadt. Die Zimmer mit den Originalsteinwänden sind
geräumig und ausgestattet mit Do-
ckingstation für den iPod, Doppelbett
und Bad. Die schönste Suite des Hotels
geht über zwei Etagen; Schlafzimmer
auf der Galerie, Wohnzimmer mit Fernseher und Jacuzzi. Das Spa ist ausgestattet mit Whirlpool, Sauna und
Dampfbad. Gilt als neuestes Top-Hotel.
Für 10 € kann man ein Hotelfahrrad
ausleihen.
Schräg – **Hotel Palau Sa Font** 4 :
Apuntadores 38, Tel. 971 71 22 77,
www.palausafont.com, DZ 160–235 €.
Ein bisschen schrill und mit viel Farbe
wurde der Palast in Palmas ›Fressmeile‹
ausgestattet. Man muss es mögen,
kann sich aber auf Komfort verlassen.
Im Innenhof kleiner Pool. Panorama-
turm mit Aussicht.
Minimalistisch – **Hotel Convent de
la Missió** 5 : Missió 7a, Tel. 971 22 73
47, www.conventdelamissio.com, DZ
150–295 €. Nobelhotel in einem alten
ehemaligen Kloster in der Altstadt.
Ästhetik wird hier großgeschrieben, edle Schlichtheit ist Programm. Die Zimmer bieten dabei maximalen Komfort.
Das angegliederte Restaurant ist hervorragend.
Ungewöhnlich – **Hotel Ciutat Jardí**
6 : Palma Ciutat Jardí, Illa de Malta 14,
außerhalb in Richtung Flughafenauto-
bahn gelegen, Tel. 971 26 00 07, www.

hciutatj.com, DZ 130–180 €. Der orientalisch inspirierte Bau mit Bögen, Arkaden und Patio aus den 1930er-Jahren stand lange leer und wurde zu einem ungewöhnlichen Hotel umgerüstet. Die komfortablen Zimmer sind gemütlich eingerichtet. Von der großen Dachterrasse Blick auf die Bucht. Das gute Hotelrestaurant bietet frische mallorquinische Küche.

Purer Luxus – **Sheraton Arabella Golf Hotel** 7: Son Vida, Tel. 971 78 71 00, www.mallorca-resort.com, DZ 250–480 €. Sehr gutes, modernes Hotel im Stil spanischer Herrenhäuser mit 93 Zimmern, davon 24 Suiten, Wellnesscenter, Altira Spa. Das Restaurant hat als eines der wenigen Hotelrestaurants einen Michelin-Stern. Infos zum hoteleigenen Golfplatz unter Tel. 971 78 30 30, www.arabellagolf.de.

Essen und Trinken

Fisch am Hafen – **Casa Eduardo** 1: Moll Vell, Tel. 971 71 11 82, Di–Sa mittags u. abends. Seit mehr als 50 Jahren *das* Fischrestaurant am Hafen schlechthin. Stammkunden werden mit Handschlag begrüßt. Preise nach Marktlage.

Innovativ – **Es Baluard** 2: Plaça Porta Santa Catalina, Tel. 971 71 96 09, Mo–Sa 13–16, 20.30–23 Uhr, Lamm gefüllt mit Sobrassada und Auberginen 19 €. Beste mallorquinische Küche, leicht und innovativ, vom jungen Profi-Koch Joan Torrens zubereitet. Erlesene Weinauswahl.

Tapas und mehr – **Los Rafaeles** 3: Passeig Mallorca 28, Tel. 971 72 62 40, Mo–Sa mittags und abends, Hauptgericht ab 15 €. Vorne gibt es Tapas, hinten feinste spanische Spezialitäten.

Edel – **Simply Fosh** 4: Missió 7 (im Hotel Convent de la Missió) Tel. 971 72 01 14, www.simplyfosh.com, Mo–Fr 13–15.30, Mo–Sa 19.30–22.30 Uhr. Für das Hotel Read's hat Marc Fosh schon einen Stern erkocht. Jetzt bietet er hier in eleganter Umgebung hohe Küchenkunst zu erschwinglichen Preisen. Ragout vom Milchlamm mit Zitronenparmesanpolenta 21,50 €. Auch Kurse bietet der Koch an, s. S. 45.

Gute Tropfen – **La Bodeguilla** 5: Sant Jaume 3, Tel. 971 71 82 74, Mo–Sa mittags und abends, Bonito mit Pilzen 18 €. Traditionelle spanische Küche in angenehmem Ambiente. Hervorragende Weinauswahl und Verkostung.

Deftig und rustikal – **Sa Premsa** 6: Plaça Bisbe Berenguer de Palou, Sa abends, So geschl., Paella 8,50 €. Das ›Hofbräuhaus‹ von Palma, ausgestattet mit langen Holztischen und Bänken. Deftige mallorquinische Küche zu vernünftigen Preisen. ▷ S. 44

Tapas – die kleinen Verführer

Entre Tapas y Vinos 7: Passeig Mallorca 20, Tel. 971 24 24 31, tgl. außer So 12–24 Uhr. Angesagte Tapas-Bar für junge Leute. Sie hat eine Filiale in Portixol, Passeig del Portixol.

La Taberna del Caracol 8: Sant Alonso 2, Tel. 971 71 49 08, Mo–Sa 13–16, 19.30–24 Uhr. Versteckt in der Altstadt hinter der Kathedrale gibt es Tapas mit einem Touch feinster Schweizer Küche. Ab 9,50 €.

Bar del Peix 9: im Mercat Olivar (s. S. 30), gilt als die beste Tapas-Bar der Insel. Am **Carrer Apuntadores** 10 liegt eine Tapas-Bar neben der anderen. Man hat die Qual der Wahl.

Cityplan: ▶ S. 32 | Detailkarte: S. 36

In der historischen Festung Sant Pere ist das Museum für Moderne und Zeitgenössische Kunst Es Baluard untergebracht. Neben Wechselausstellungen internationaler Künstler gibt das Museum einen Einblick in die spanische Kunst der letzten hundert Jahre.

Das Gebäude

Das Museum ist aus verschiedenen Gründen einzigartig. Zum einen der Lage wegen. Es wurde in die Festung Baluard de Sant Pere eingebaut und bietet einen Blick über die Stadt und die Bucht bis zum Tramuntana-Gebirge. Zum zweiten des gelungenen Neubaus wegen, der eine harmonische Verbindung von historischer Bausubstanz mit neuen Materialien wie weißem Beton, Glas und Stahl eingeht. Die Holzplanken am Dachumlauf symbolisieren Schiffsplanken. Immerhin lag Es Balu-

ard früher direkt am Meer. Das wird auch durch den nahtlosen Übergang von Innen und Außen deutlich. Das Gelände umfasst 5000 m², davon sind 2500 m² Ausstellungsräume.

Reizvoll sind die Gänge, die auf Höhe der Stadtmauer fast rund um das Gebäude führen und Ausblicke bieten, wie man sie von keinem anderen Platz der Stadt hat. Das macht deutlich, was die Architekten, die Brüder Lluis und Jaime García Ruiz Guasp sowie Angel Sanchez Cantalejo, wollten: Kunst, Geschichte und Natur verbinden.

Skulpturen

Die Entscheidung ist schwierig: Soll man mit den Skulpturen im Vorhof und auf der Terrasse beginnen, soll man erst einen Rundgang machen, über die Rampen und Umläufe spazieren, den Blick über Palma genießen oder soll man gleich dem Eingang zustreben und sich ins Kunstgeschehen werfen?

Wie auch immer man sich entscheidet – an einigen der Eisenskulpturen wird man definitiv nicht vorbeikommen. Wie etwa Anthony Caros »Barcelona Rose« oder Manolo Paz mit seiner Arbeit aus Granit und Stein. Beeindruckend Gerardo Ruedas Bronze/Eisenguss »Almagra« oder die Stahlskulptur von Richard Serra. An einer Wand steht der wunderschöne Stier von Marino Marini. Auf der Terrasse grüßt eine Skulptur von Oteiza.

Santiago Calatrava

Weithin sichtbar überragt die Skulptur »Bou« die historische Stadtmauer Es Baluard. Als neues Wahrzeichen der Stadt ist sie seit der Einweihung im Januar 2007 umstritten. Zu verdanken ist das Werk der Freundschaft des Verlegers und Initiators des Museums Pedro Serra mit dem Künstler. Er hatte Calatrava eingeladen, um ihm das im Bau befindliche Museum zu zeigen. Calatrava war begeistert.

Die Arbeiten zu der 30 t schweren Bronze dauerten knapp drei Jahre. Fast 15 m hoch ist »Bou« – Stier; auf einer 12 x 3 m großen Plattform erheben sich zwei riesige Kegel, auf denen fünf quadratische Kuben scheinbar leicht in den Himmel schweben.

Calatrava (geb. 1951 in Valencia) ist einer der großen Architekten unserer Zeit. Vor allem seine Brückenbauten haben Furore gemacht, sei es in Barcelona, Sevilla, Venedig oder Bilbao. In seiner Heimatstadt Valencia baute er die ›Stadt der Künste und Wissenschaften‹.

Wasserreservoir

Der historische ›Aljub‹ (13. Jh.) wurde erst bei den Bauarbeiten des Museums entdeckt. Einst wurde durch das mehr als 400 m² große Tonnengewölbe der Stadtteil Santa Catalina mit Wasser versorgt. Heute sind hier Installationen zu sehen z. B. von Rebecca Horn, Fabrizio Plessi, Jaume Plensa, Dietrich Klinge.

Die Sammlung

Den Anfang machen mediterrane Landschaftsbilder mallorquinischer und katalanischer Maler.

Bilder aus dem Kubismus, Postkubismus und Surrealismus sind vertreten durch Joan Miró, Marie Blanchard, Wifredo Lam, René Magritte. Reine Abstraktion ist vertreten durch Yves Klein, Jean Fautrier, Niclas de Stael, Mompó. Aus der Reihe deutscher Künstler wären zu nennen: Penck, Georg Baselitz, Markus Lüpertz, Wolf Vostell, Anselm Kiefer, Erwin Bechtold.

Für die 1980er- und 1990er-Jahre stehen Miquel Barceló, Miquel Angel Campanao, José María Sicilia, José Manuel Broto. Hinzu kommen Wechselausstellungen internationaler Künstler.

Öffnungszeiten

Museum für Zeitgenössische und Moderne Kunst Es Baluard 21:
Plaça Porta Santa Catalina 10, www.esbaluard.org, Di–Do, Sa, So 10–21, Fr 10–24 Uhr, im Winter Di–So 10–20 Uhr, 6 €. Das Museum ist kinderfreundlich und behindertengerecht.

Stimmungsvolle Kulisse für einen lauschigen Abend draußen – die Llotja in Palmas Altstadt

Einkaufen

Palma hat das Einkaufsangebot einer europäischen Großstadt – und auch das Preisniveau. Günstig sind Schuhe. Edle Mode gibt es rund um die Avinguda Jaume III, mittleres Preisniveau herrscht zwischen Passeig des Born und Carrer Sant Miquel, Schnäppchen macht man am ehesten in der Via Sindicat.

Rauchwerk – **El Estanco** ❶: Passeig des Born 20. Hier gibt's beste Zigarren zu sehr guten Preisen. Toni Roig verschickt auch ins Ausland.

Süßes – **Can Frasquet** ❷: Orfila 4. Seit 1697 werden hier Leckereien produziert. Berühmt sind die ›Monas de Pascua‹, kunstvolle Skulpturen, die man zu Ostern verschenkt.

Würzig – **Especias Crespi** ❸: Via Sindicat 64. Gewürze und gute Gewürzmischungen aus eigener Herstellung.

Hüte – **Sombrería Casa Julià** ❹: Via Sindicat 23. Hüte nach Maß in jeder nur möglichen Form. Auch innerhalb weniger Tage.

Umfassend – **El Corte Inglés**: Spaniens größte Warenhauskette ist mit zwei Filialen vertreten: Av. Alejandro Rossellò ❺ und Av. Jaume III ❻.

Belesen – **Dialog** ❼: Carme 14. www. dialog-palma.com Deutsche Bücher sowie viele Mallorca-Titel.

Ausgehen

Rund um die **Llotja** ist am Abend am meisten los: Restaurants, Weinbars und viel Leben auf der Straße.

Das Viertel **Santa Catalina** – in Palma spricht man ›links vom Borne‹ – hat sich in den letzten Jahren zum Szeneviertel gemausert. Hier entstehen ständig neue Bars, Bistros, Kneipen.

Wer bis in die frühen Morgenstunden durchtanzen will, ist in den Discos am **Passeig Marítim** gut aufgehoben.

Pompös – **Bar Abaco** `1` : Sant Joan 1, tgl. ab 21 Uhr. Ein barocker Traum in einem alten Stadtpalais. Die Drinks sind so edel wie die Preise hoch.

Jazzy – **Blue Jazz Club** `2` : im Hotel Saratoga, Passeig Mallorca 5, www. bluejazz.es, Do ab 22, Fr, Sa ab 23 Uhr. Live-Jazz mit Aussicht über Palma.

Rundblick – **Tito's Palma** `3` : Passeig Marítim (neben dem Hotel Melià Victoria), Di–So ab Mitternacht und später. Disco mit super Blick und gläsernem Fahrstuhl; aktuelle Musik. Der Extraraum mit Lärmdämpfer ist für ›Ältere‹ über 25.

Gesehen werden – **Club de Mar** `4` : Passeig Marítim (gegenüber dem Abraxas – ehemals Pacha). Hier tummelt sich im Sommer in den frühen Morgenstunden die spanische Schickeria.

Sport und Aktivitäten

Kochkurse – **Fosh Food** `1` : Blanquerna 6, Tel. 971 29 01 08, www.fosh food.com. Starkoch Marc Fosh bietet in seinem Delikatessenladen Kochkurse (4 Abende, 1x pro Woche, à 75 € inkl. Essen) und Kochdemonstrationen (45 € inkl. Abendessen).

Stadtrundfahrt – Der **rote Doppeldecker-Bus**, www.mallorcatour.com, fährt für Touristen im Sommer von 10–20, im Winter von 10–18 Uhr. 15 €. **Haltestellen:** Pl. Joan Carles (am Kaufhaus C&A); La Rambla (Via Roma); Olmos; Plaça d'Espanya; Av. Alejandro Rosselló (beim Kaufhaus El Corte Inglés); Av. Gabriel Alomar i Villalonga; Poble Espanyol; Castell Bellver (oberhalb von Palma); Pl. Gomila, Av. Joan Miró in Höhe des Einkaufszentrums Porto Pí); Estación Maritima; Passeig Marítim in Höhe des Auditoriums; Av. Rei Jaume III; Moll Comercial am Hafen.

Die Fahrt dauert 1 Std. 20 Min. Man kann an jeder beliebigen Haltestelle ein- und aussteigen.

Infos

Oficina de Turisme: Plaça de la Reina 3, Mo–Fr 9–20, Sa 9–13.30 Uhr; Palau Solleric, Passeig des Born, Mo–Fr 9–20, Sa 9–13 Uhr; Parc de les Estacions (Bahnhofspark), Mo–So 9–20 Uhr; www.palmademallorca.es.

Termine

Ankunft der Heiligen Drei Könige: 5./6. Jan. Tausende von Kindern fiebern der Ankunft der Heiligen Drei Könige am Vorabend des 6. Januar entgegen. Kaspar, Melchior und Balthasar landen per Schiff gegenüber der Llotja. Dann ziehen sie mit großem Gefolge durch die Stadt.

Sant Antoni Abad: 17. Jan. Segnung der Haustiere und Festzug von der Kathedrale zum Carrer Sant Miquel und zur gleichnamigen Kirche.

Festa de Sant Sebastià: 20. Jan. Dieses Fest, das wichtigste Palmas, gilt dem Schutzheiligen der Stadt. Gefeiert wird es, seit 1559 seine Reliquie die Bewohner vor der Pest gerettet haben soll. Das Festprogramm dauert über eine Woche. Höhepunkt ist der Vorabend mit Tanz und Musik auf Straßen und Plätzen bis in die Morgenstunden.

Serenates d'Estiu: Juli/Aug. Im schönen Ambiente des Castell Bellver erklingen in dieser Zeit Sommerserenaden, außerdem finden Konzerte mit dem Sinfonieorchester der Stadt Palma statt.

Nit de l'Art: Kunstfest am 3. Donnerstag im September. Dann sind alle Galerien, Museen und Ausstellungsräume bis Mitternacht geöffnet.

MusicaMallorca: Okt./Nov. Herbstfestival mit Klassik und Belcanto. www.musicamallorca.com.

Gènova ▶ C 5

In den Vorort von Palma kommt man nur aus einem Grund: um zu essen. Es gibt zahlreiche Kneipen und Restaurants, die mallorquinische Küche anbieten, z. B. **Can Pedro** (Rector Vives 4, Tel. 971 40 24 79, Do–Di mittags und abends, Chuletón (Rindersteak) 18 €. Hier hängt der Himmel, sprich die Decke, voller Schinken. Serviert wird beste mallorquinische Hausmannskost.

Lohnend sind auch die **Tropfsteinhöhlen**. Joan Arboix führt mit Geschick und Charme. Kinder sind begeistert. Coves de Gènova, Barranc 45, Gènova, Tel. 971 40 23 87, 11–18 Uhr, 8 €.

Fundació Pilar i Joan Miró ▶ C 5

Gegenüber dem Marivent-Palast, dem Sommersitz der spanischen Königsfamilie, befindet sich die Abzweigung zum Miró-Museum, errichtet 1993 auf dem früheren Besitz von Joan Miró (1893–1983). Auf dem Gelände liegt auch das Atelier Mirós von Josep Lluis Sert (1954). Oberhalb die Finca Son Boter, die dem Maler als Meditationsraum und Studio diente. Miró lebte und arbeitete ca. 40 Jahre auf Mallorca. Im Museum wird ein Teil seines Nachlasses gezeigt. Außerdem finden Sonderausstellungen moderner, meist avantgardistischer Künstler statt (Cala Mayor, Joan de Saridakis 29, http://miro.palma demallor ca.es, Di–Sa 11–18, So 11–15 Uhr, 6 €.

Platja de Palma/ S'Arenal ▶ D 5–6

Am Anfang war Arenal der Badeort im Süden, hier machten schon die Mallor-quiner in den 1920er-Jahren Ferien. Später wurde Arenal mit der westlich gelegenen Platja de Palma eine der Keimzellen des Mallorca-Tourismus. Hier entstanden in den 1950er-Jahren die ersten Ferienhotels. Beliebt ist die Platja de Palma bei Kegelclubs und Vereinen, die hier ihre Vereinskasse leeren. Während die Hotels im Hochsommer vor allem von jungen Leuten und Familien frequentiert werden, bietet sich die Platja im Winter ganz anders dar: Hier ›überwintern‹ Langzeiturlauber.

Übernachten

Renommiert – **Hotel San Francisco:** Laud 24, Tel. 971 26 46 50, www.riu.com, 275 Betten, DZ 100–200 €. Das älteste Hotel am Platz, inzwischen mehrfach renoviert, direkt am Strand. Die Stammgäste schwören auf den freundlichen Service.

Familienfreundlich – **Hotel RIU Bravo:** Misiò de San Diego, Tel. 971 26 63 00, www.riu.com, DZ 60–140 € all inclusive. Modernes 400-Betten-Haus der RIU-Kette, viele Stammkunden, vor allem im Winter.

Essen und Trinken

Das Angebot an Kneipen, Snackbars und Restaurants ist unerschöpflich. Die Qualität ist leider nicht immer gleichbleibend gut. Löbliche Ausnahmen:

Fischig – **Cas Cotxer:** Ctra. Arenal 31, Tel. 971 26 20 49, Di–So, Preise nach Marktlage. Gute Küche mit hervorragenden Fischgerichten.

Kult – **12 Apóstoles:** Sant Ramón Nonat, Local 6, Tel. 971 26 20 15, tgl. 6–4 Uhr morgens. Pizza und Pasta vom Feinsten zu günstigen Preisen (ca. 8 €), Fleischgerichte vom Grill (Rumpsteak mit Rucola 14,50 €) und italienischer Hauswein vom Fass. Das Ambiente tendiert zu italienisch angehauchtem Neobarock.

Eine Hochburg deutscher Trinkseligkeit – Mallorcas ›Ballermann‹

Ehrlich – **Asadito:** Av. Son Rigo/ Mar Tirrena, Tel. 971 49 29 29, tgl. mittags und abends, Steak 12 €. Fleisch vom Grill, Pasta, Salate in pompöser Umgebung.

Ausgehen

Discos und Pubs für jeden, der deutsche Bierseligkeit und heimische Kneipen-Vertrautheit sucht. Berühmt ist der Carrer Miquel Pellisa, im Volksmund ›**Bierstraße**‹ genannt, wo sich Kneipen und Biergärten mit deutscher Hausmannskost aneinanderreihen. Hauptsaison für ›Ballermänner‹ ist hier das ganze Jahr rund um die Uhr. Die benachbarte ›Schinkenstraße‹ (Balneario 5) hat gleichgezogen.

Der Klassiker – **Disco RIU Palace:** Llaud s/n (im RIU-Center-Balneario 6/7), im Sommer tgl. ab 22 Uhr. Die Disco Nr. 1 an der Platja de Palma mit sieben Bars und Live-Auftritten von internationalen Stars. Im Sommer ›Soul Suite‹ mit Black Music.

Techno-Biergarten – **Mega Park:** Ctra. Arenal 57 (Balneario 5). Erlebnis-gastronomie im Mega-Format mit Musik, Tanz, Animation, Live-Auftritten, Übertragung von Sportereignissen. Der Mega Park ist auch tagsüber für Spiele und Wettbewerbe geöffnet.

Sport und Aktivitäten

Der 7 km lange Strand mit schöner Promenade erstreckt sich von Can Pastilla bis nach S'Arenal. Großes Wassersportangebot. Im Abstand von je 1 km befinden sich Balnearios mit Duschen, Toiletten, oft auch mit einer kleinen Kneipe. Am bekanntesten: Balneario 6 alias Ballermann 6.

Golf – **Golf Park Puntiró:** Camí Vell de Sineu, Tel. 971 60 38 51, www.golfpark mallorca.com. 18-Loch-Platz, Par 71.

Wasserspaß – Bei S'Arenal liegt der große Wasserpark **Aquacity** (▶ D 6), Mai–Sept. 10–17/18 Uhr, 24 €, Kinder € 16, www.aqualand.es.

Infos

Oficina de Turisme: Platja de Palma, Marbella 39, Tel. 971 26 76 54.

Die Westküste und die Berge

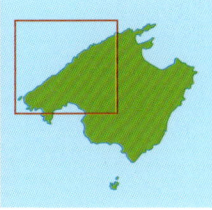

Sant Elm ▶ A 5

Der kleine, ruhige Badeort im äußersten Westen der Insel ist besonders bei Spaniern beliebt. Der Sandstrand der Bucht ist für Familien mit Kindern gut geeignet. Etwas oberhalb des Dorfes liegen die Reste eines Wehrturms.

Wanderung von Sant Elm zum Kloster Sa Trapa ▶ A 5

4 Std. müssen Sie von Sant Elm aus für die Wanderung zum ehemaligen **Trappistenkloster** Sa Trapa rechnen. Der Weg ist vom Camí de Can Tomeví aus markiert. Das Kloster und der umliegende Besitz von 81 ha gehören dem Umweltverband GOB, www.gobmallorca.com, und steht unter Naturschutz. Das Kloster wird zu einer Berghütte umgebaut.

Übernachten

Bewährt – **Hostal Dragonera:** Av. Jaume I., Tel. 971 23 90 86, www.hostaldragonera.net, März–Dez., DZ mit/ ohne Meerblick 66/57 €. Restaurant- und Badeterrasse mit wunderschönem Blick.

Essen und Trinken

Fangfrisch – **Cala Conills:** Cala Conills, Tel. 971 23 91 86, April–Okt. Di–So, Lubina in der Salzkruste 40 € (für 2 Pers.), andere Fischgerichte um 20 €. Hervorragender frischer Fisch direkt am Meer. Am Wochenende unbedingt vorbestellen.

Illa Sa Dragonera ▶ A 5

Die nur 2,8 km^2 große Insel steht seit 1987 unter Naturschutz und ist ein ideales Wandergebiet. Sie liegt nur 700 m vom ›Festland‹ Mallorca entfernt, mehrmals täglich schippert die Fähre ›Margerita‹ von Sant Elm in nur 15 Min. hinüber.

Sie können organisierte Touren buchen oder auf eigene Faust wandern. Besonders schön sind die Wege zu den Leuchttürmen **Far de Tramuntana** (1,5 km) oder **Far de Llebeig** (4,5 km). Hier nisten Eleonorenfalken, die im Mittelmeer nur sehr selten anzutreffen sind (Infos unter www.conselldemallorca.net/dragonera).

Andratx/ Port d'Andratx ▶ A 5

Andratx ist dank seiner Lage in einer fruchtbaren Gartenlandschaft ein reiches Kleinstädtchen, voller Beschaulichkeit und Ruhe. Sein Hafenort, Port d'Andratx, gilt als einer der schönsten des Mittelmeers. Hier haben sich in den letzten Jahren die ›Reichen und Schönen‹ niedergelassen, alles ist etwas exklusiver und teurer. Auf den umliegenden Bergen wurde in der Vergangenheit viel zugebaut. Sehenswert in Andratx selbst ist die Pfarrkirche **Santa Maria** (1248–17. Jh.). Im restaurierten Stadtschloss **Son Mas** ist das Rathaus untergebracht.

Die Ostküste um Sant Elm und Port d'Andratx gehört zu den schönsten Ecken Mallorcas

Das **Kulturzentrum Sa Taronja**, Andalucía 23, Tel. 971 23 52 68, www. sataronja.net, bietet regelmäßig Jazz, Workshops, Konzerte, Ausstellungen. Das dazugehörige Restaurant **Limón y Chelo** ist gut und nicht zu teuer.

Übernachten

Wohlbefindlich – **Hotel Mon Port:** Port d'Andratx, Cala d'Egos, Finca La Noria, Tel. 971 23 86 23, www.hotel monport.com, DZ ab 250 €. Neues Hotel rund um ein historisches Herrenhaus zwischen Port d'Andratx und Sant Elm. Parkähnlicher Garten mit riesiger Poolanlage. Wellnessbereich. Die 98 Zimmer und Suiten sind komfortabel und großzügig.

Herrschaftlich und luxuriös – **Hotel Villa Italia:** Camí de Sant Carles 9, Tel. 971 67 40 11, www.hotelvillaita lia.com, DZ 250 €. Oberhalb der Bucht liegt das luxuriös-pompöse 62-Betten-Hotel. Von der Hotelterrasse lässt sich das wundervolle Panorama der Bucht genießen. Und das Hotelrestaurant ist gut.

Essen und Trinken

Urig – **Barlovento:** Camí Vell des Far, Tel. 971 67 10 49, im Sommer tgl., im Winter geschl., Sirviola (aus der Zucht im Hafenbecken) vom Grill, Preis nach Gewicht. Hervorragender frischer Fisch, direkt am Meer serviert.

Bewährt – **Rocamar:** Av. Almirante Riera Alemany 29, Tel. 971 67 12 61, Mo und im Winter manchmal geschl., Caldereta 40 €. Hervorragend ist der frische Fisch.

Lohnt immer – **La Tulipe:** S'Arracó, Plaça Toledo 2, Tel. 971 67 14 49, Do–Di ab 19.30 Uhr. Rinderfilet mit Morchelsauce und Rösti 21 €. Klein,

In Port d'Andratx, Camí de Sant Carles 20, hat sich die amerikanische Künstlerin **Barbara Weil** von Stararchitekt **Daniel Libeskind** ein Atelier bauen lassen. Besichtigung Sa und So 11.30–14 Uhr nach Voranmeldung, Tel. 971 76 16 47, www.studio weil.com.

aber fein, unter Schweizer Leitung. Die Tulpe ist immer einen Ausflug wert.

Einkaufen

Der **Wochenmarkt** am Mittwoch in Andratx ist beliebt, wenn auch überlaufen. In Port d'Andratx gibt es viele kleine Läden und Boutiquen, die allerdings meist sehr teuer sind.

Ausgehen

An der Uferpromenade reihen sich Bars und Cafés aneinander. Empfehlenswert sind **Mitj & Mitj**, **Tim's Bar** oder **L'Habanna**.

Sport und Aktivitäten

Port d'Andratx hat keinen richtigen Strand. Kleine felsige Badebuchten in der Umgebung sind am besten per Boot zu erreichen, zu Fuß ist es beschwerlich. *Segeln –* Die geschützte Bucht selbst und die umliegenden Felsküsten sind ein beliebtes Segelrevier.
Boots-Charter – **Balear Boot Service by Clasico:** Issac Peral 19,

Tel. 971 67 34 32, www.balearboot service.com.
Golfen – **Golf de Andratx:** Camp de Mar, Ctra. Camp de Mar s/n, Tel. 971 23 62 80, www.golfdeandratx.com. 18-Loch-Platz, Par 72.

Infos und Termine

Tourismusbüro: im Rathaus von Andratx, Tel. 971 62 80 00.
Schiffsprozessionen zu Ehren von Sant Pere (Schutzheiliger der Fischer) 29. Juni; für Mare de Déu del Carme (Dorfpatronin): 16. Juli.

Estellencs ► B 4

Das kleine Bergdorf ist ein guter Ausgangspunkt für Wanderungen auf den Galatzó (1045 m) oder für eine Teiletappe des Fernwanderweges ›Ruta de Pedra en sec‹ durch das Tramuntanagebirge (**direkt 4** ► S. 52). Zur kleinen Badebucht **Cala d'Estellencs** fährt man nur wenige Minuten.

Parken auf mallorquinisch – der Hafen von Banyalbufar

Atalaya heißen die Wachtürme aus dem 15. und 16. Jh. Zu den schönsten von ihnen zählen der **Mirador de Ricardo Roca**, 7 km westlich von Estellencs, und **de Ses Ànimes**, 3 km westlich von Banyalbufar an der Küstenstraße.

Banyalbufar ▶ B 4

›Kleiner Weingarten am Meer‹ nennen die Mallorquiner dieses Dorf mit Terrassenanlagen aus arabischer Zeit. Sie werden noch heute für den Gemüseanbau und den traditionellen Malvasierwein genutzt.

Übernachten und Essen
Einfach – **La Baronia:** La Baronia 16, Tel. 971 61 81 46, www.hbaronia.com, DZ 75 €. 75-Betten-Hotel in einem alten Adelspalast (14. Jh.) direkt gegenüber der Kirche. Charmante Atmosphäre.
Frischer Fisch – **Son Tomàs:** La Baronia 16, Tel. 971 61 81 49, Mo–So, Grillplatte mit frischem Fisch 19 €.

Valldemossa ▶ C 3

Der relativ kleine Ort ist mit 300 000 Besuchern pro Jahr das Ausflugsziel schlechthin. Touristen besichtigen die Kartause, in der Frédéric Chopin und George Sand einen feuchten Winter von November 1838 bis Februar 1839 verbrachten. Das Kloster war einige Jahre zuvor in weltliche Hände übergegangen, sodass das Künstlerpaar einige ehemalige Klosterzellen als Wohnräume mieten konnte.

Mallorquiner kommen nach Valldemossa wegen der Inselheiligen: Santa Catalina Tomàs wurde hier im 16. Jh. geboren. Eine kleine Statue an der Kirche Sant Bartomeu im unteren Teil des Dorfes erinnert daran. Es lohnt, einen Spaziergang durch die engen, hübsch mit Blumen geschmückten Gassen zu unternehmen. An jedem Haus findet sich eine Kachel zu Ehren der hl. Catalina. Valldemossa hat Charme, trotz der vielen Besucher.

Kartäuserkloster
Plaça Cartoixa 11, Tel. 971 61 21 06, www.valldemossa.com/cartu.htm, Mo–So 9.30–18.30, im Winter bis 16.30 Uhr, Konzerte mehrmals tgl. zwischen 10.30 und 18 Uhr, 9,50 €
Der Bau des Kartäuserklosters, gegründet im späten Mittelalter, stammt aus dem 18. Jh. Besonders sehenswert ist die alte Apotheke, die noch bis 1913 geöffnet war. In den Zellen, die alle einen kleinen Garten haben, befinden sich Erinnerungsstücke an Frédéric Chopin und George Sand. Zu sehen gibt es außerdem eine wertvolle Bibliothek, eine Druckerpresse aus dem 15. Jh. sowie ein Museum für moderne Kunst mit Werken von Pablo Picasso, Tàpies und Juli Ramis.

Im angegliederten **Palau de Rei Sanç** (Palast König Sanchos) befinden sich wertvolle alte Möbel.

Fundación Cultural Coll Bardolet
Blanquerna 4, Tel. 971 61 29 83, www.fccollbardolet.org, Mo–Fr 10–16 Uhr, Eintritt frei
Hier hat sich der Maler Coll Bardolet, der lange in Valldemossa lebte, einen Traum erfüllt. Zu sehen sind seine Bilder und Wechselausstellungen.

Abstecher ans Meer
Im nahen **Port de Valldemossa** (▶ C 3), gibt es einen kleinen Kiesstrand und ein gutes Fischrestaurant. ▷ S. 55

4 | Der Weg der Steine – Wandern in der Tramuntana

Karte: ▶ A 5–F 1 | **Detailkarte:** S. 54

Gut hundert Kilometer lang ist das Tramuntana-Gebirge von Sant Elm bis nach Pollença. Sieben Berge ragen über tausend Meter in die Höhe. Ein Dorado für Wanderer und Naturfreunde mit kleinen Dörfern, versteckten Buchten, Aussichtstürmen und immer wieder herrlichen Ausblicken. Eine der schönsten Wanderungen führt von Lluc nach Caimari.

Natürlich kann man die Strecke über die Ma-10 in einem Tag per Leihwagen bewältigen. Aber schöner ist es, das Tramuntana-Gebirge zu Fuß zu erkunden. Mallorquiner sind begeisterte Wanderer; und die Gründung des mallorquinischen Fremdenverkehrsverbandes, des Fomento de Turismo 1905, war darauf ausgerichtet, Wanderungen im Gebirge zu organisieren, was bis dahin nur die Kirchengemeinden getan hatten. Mit-

glieder des Fomento wandern heute noch gemeinsam.

Der Fernwanderweg

›Ruta de Pedra en sec‹ – der Weg der Trockensteinmauern, das ist ein Mammutprojekt des Consell Insular de Mallorca, des Inselrates. Mehr als 280 Kilometer Wanderroute quer über die Insel sind seit 2001 in Arbeit. Insgesamt soll das Projekt einmal acht Wanderetappen mit neun Wanderhütten umfassen. Ein beachtlicher Teil ist bereits öffentlich zugänglich. Und immer noch sind ganze Baukolonnen damit beschäftigt, die alten Pilger- und Nutzwege zu restaurieren.

Margers – Künstler am Stein

›Margers‹ heißen die Meister der Bauweise ohne Mörtel. Sie wurde von den Arabern nach Mallorca gebracht und im Laufe der Jahrhunderte zu einer eigenständigen Technik verfeinert.

Die Methode der Trockenbauweise ist schweißtreibend. Die schweren Steine werden nicht passend angeliefert. Sie kommen, wie die Natur sie schenkt. Jeder Stein wird so zurechtgemeißelt, dass er ins Ganze passt – sofern nicht schon der geübte Blick des ›Marger‹ ein günstiges Exemplar ausgemacht hat. Je nahtloser die Natursteine ineinander übergehen, desto haltbarer ist das Mauerwerk. Die so gebauten Mauern oder Terassen sind wasserdurchlässig, sodass sie selbst größere Regenfälle überstehen.

Der Bau von Terrassen war vor allem an den Hängen des Tramuntana-Gebirges wichtig. Hier war Ackerland rar und erst durch den Bau der Terrassen konnte man ein wenig Erde für den Anbau von Oliven, Mandeln, Johannisbrot gewinnen.

Einzigartige Natur
Die Strecke führt durch einige der schönsten Dörfer der Insel. Dazu über Berge und durch Wälder, immer wieder unterbrochen durch unglaubliche Ausblicke auf die Küste mit ihren steil abfallenden Felsen.

Die Etappen
Port d'Andratx – La Trapa: 12 km
La Trapa – Estellencs: 15 km
Estellencs – Esporles: 15 km
Esporles – Can Boi: 19 km
Can Boi – Muleta: 10 km
Muleta – Tossals Verds: 25 km
Tossals Verds – Son Amer: 12km
Son Amer – Pont Romà: 17 km
Es wird in Kürze noch etliche Varianten und Abstecher geben.

Die Wanderhütten
Fünf der insgesamt acht Wanderhütten sind schon der Öffentlichkeit zugänglich: **Can Boi** bei Deià, **Muleta** bei Sóller, **Tossal Verds** bei Mancor de la Vall,

Son Amer bei Lluc und **Pont Romà** bei Pollença. Reservierung Tel. 971 17 37 00, frühzeitig buchen. In allen Hütten kann man günstig essen. Unterkunft in Tossal Verds DZ 40 €, in allen anderen Mehrbettzimmer, 12 €.

Torrent de Pareis
Die Wanderung von **Escorca** durch die Schlucht des Torrent de Pareis nach **Sa Calobra** gilt als schwierig und gefährlich, weil die Schlucht vor allem im Winter unvorhergesehen Wasser führt. Es gibt etliche Kletterpassagen. Die günstigste Zeit ist zwischen Mai und September. Man sollte die Strecke niemals alleine in Angriff nehmen.

Informationsstellen gibt es in Escorca (8–14 Uhr) und in Sa Calobra (11–19 Uhr), Tel. 971 517 100 (auf Englisch), beide geöffnet Mai–Okt., www.torrentdepareis.info. Wanderstiefel und eine gute Kondition sind für diese Wanderung Voraussetzung.

In dieser Region sind Wildtauben, Blaumerlen, Mönchsgeier und Felsenschwalben und zu Hause.

Übrigens: Santiago Rusinyol (1861–1931) über den Torrent de Pareis: »Unter diesem Zyklopentempel – dem größten, den es geben kann – ist das Wasser eingeschlafen. Es bekommt keine andere Helligkeit als die der Fenster, die von den Spalten geformt sind. Es schläft versteckt in den Grotten.«

Von Lluc nach Caimari
Man kann den Weg in beiden Richtungen gehen; er ist durchgängig ausgeschildert. Von der Berghütte Son Amer kommen Sie, den Schildern folgend, bald zum Coll de Sa Bataia (579 m), dem höchsten Punkt der Wanderung.

Die Westküste und die Berge

Der Weg führt durch einen Wald und über steinerne Stufen an den Hängen. Hier wird die Arbeit der Margers deutlich, etwa an der ›Bretxa Vella‹ (Alte Spalte). Danach führt der Weg immer nach unten bis nach Caimari mit seinen gemauerten Terrassen. Dauer 2 Std. abwärts, 3 Std. aufwärts. 400 m Höhenunterschied. Zwischen Caimari und Lluc verkehrt ein Linienbus. Info über Abfahrtszeiten unter 971 17 77 77, http://tib.caib.es.

Infos

www.gr221.info
www.mallorca-camins.info
www.centaurosdelmar.com (auch für andere Sportarten – nur spanisch)

Ausflüge zu Fincas públicas

Finca Galatzó ▶ B 4 (1400 ha): Zufahrt Straße Capdellà–Galilea. Von hier aus sind mehrere einfache Wanderungen, aber auch eine schwerere auf den Galatzó möglich. Alle Wege sind ausgeschildert. Auch die historischen Gebäude rund um den Herrensitz lohnen den Besuch. Grillplatz. In der direkten Umgebung: Köhler- und Kalköfen, Trockensteinmauern und ehemalige Unterkünfte für Tagelöhner.
Finca Planícia ▶ B 4 (445 ha): zwischen Banyalbufar und Estellencs. Die ›Ruta de Pedra en sec‹ führt daran vorbei. Hier entsteht eine Bergunterkunft. Der Ausblick ist atemberaubend.

Museumsfinca La Granja ▶ C 4: Esporles, Ctra. Esporles, Tel. 971 61 00 32, www.lagranja.net, Sommer tgl. 9–19, Winter 8–18, Mi–Fr 15–16.25 Uhr. Vorführungen von Handwerkskunst und Pferdedressur – ideal um einen Eindruck vom Alltag eines feudalen Landgutes zu bekommen. Die herrschaftlichen Wohnräume, Werkstätten und Ställe sind authentisch ausgestattet. Hausgemachte Produkte werden angeboten. Der Besuch ist für Kinder empfehlenswert.

Die Tramuntana als Ausstellung

Ca s'Amitger: Infozentrum direkt beim Kloster Lluc (s. S. 66). Dauerausstellung zur Kultur und Natur der Tramuntana.

Auch dank Chopin und George Sand ist die Kartause von Valldemossa ein Besuchermagnet

Übernachten

Charmant – **Es Petit Hotel:** Uetam 1, Tel. 971 61 24 79, www.espetithotel-valldemossa.com, 8 Zimmer, DZ ab 125 €, Dez.–Jan. kräftiger Preisnachlass. Familienhotel in einem kleinen Herrenhaus im Dorfzentrum mit Garten und Blick ins Tal. Zimmer im mallorquinischen Stil mit Balkon oder Terrasse.

Besonders – **Cases de Cas Garriguer:** Ctra. Valldemossa–Andratx, km 3, Tel. 971 61 23 00, www.vistamarhotel.es, 10 Zimmer, DZ 110–190 €. Das Hotel liegt auf der Finca Son Oleza mit herrlichem Blick nach Port de Valldemossa. Sehr schöner Garten, komfortable Zimmer, Abendessen möglich.

Luxus pur – **Hotel Valldemossa:** Ctra. Vieja de Valldemossa s/n, Tel. 971 61 26 26, www.valldemossahotel.com, DZ ab 300 €, Suiten 390–430 €. Luxus, Komfort und guter Geschmack bestimmen Einrichtung, Ausstattung und Ambiente. Das 100 Jahre alte Steinhaus wurde von dem Designer Miguel Sagrera gestaltet. 12 Zimmer, im riesigen Garten ein Pool, beheizter Innenpool und Sauna. Das Hotelrestaurant bietet moderne mallorquinische Küche (Menü 80 €). Der Blick auf die Kartause und das Tal von Valldemossa ist stets dabei.

Essen und Trinken

Gemütliches Landhaus – **Can Costa:** Ctra. Deià–Valldemossa, km 2,5, Tel. 971 61 22 63, Mi–So. Gemütlich eingerichtetes Landhaus mit schöner Terrasse und Kinderspielplatz. Gute mallorquinische Küche. Spanferkel 13 €.

Einkaufen

In Valldemossa gibt es viel Ramsch; in manchen der kleinen Kunsthandwerksläden können Sie aber fündig werden.

In der Umgebung

Son Marroig und **Kloster Miramar:** `direkt 5` ▶ S. 56

Infos und Termine

Touristeninformation: an der Hauptstraße, direkt neben der Kartause, Tel. 971 61 20 02.

Santa Catalina: 28. Juli. Zu Ehren der Heiligen eine der wichtigsten Fiestas der Insel mit Prozession.   ▷ S. 58

5 | Ein Leben für Mallorca – Erzherzog Ludwig Salvator

Karte: ▶ C 3 | **Detailkarte:** S. 57

Als ›Arxiduc‹ ging er in die Geschichte der Insel ein. Und er war ihr erster Öko-Freak. Keiner hat sich so um den Erhalt der Insel verdient gemacht, keiner hat so viel über Mallorca zusammengetragen, geschrieben und bewahrt. Die Mallorquiner lieben ihn dafür und halten sein Andenken in Ehren.

Kunst und Wissenschaft

Sein voller Name: Ludwig Salvator Josef Maria Johann Baptist Dominikus Rainer Ferdinand Karl Zenobius Anton Erzherzog von Habsburg, Lothringen und Bourbon. Ein Thronfolger ohne Thron, der lernte und studierte: Naturwissenschaften und vor allem Sprachen.

Unter dem Decknamen Ludwig Neudorf unternahm er 1867 seine erste Reise nach Mallorca. Zwei Jahre später erschien sein Werk über die Balearen und die dortige Insektenwelt.

Mallorca faszinierte ihn. Der Wiener Hof schielte skeptisch auf das Treiben des ›Aussteigers‹, der obendrein noch eine Liaison mit Catalina Homar, der Tochter eines Tischlers aus Valldemossa einging. Er nahm sie als Assistentin und Vertraute mit auf Reisen. Sie wurde ihm unentbehrlich.

Nach 30 Jahren des Wanderlebens ließ sich der Ruhelose nieder: In Son Marroig, dem Herrensitz oberhalb des Landgutes S'Estaca, das er für Catalina ausbauen ließ und das heute im Besitz des Schauspielers Michael Douglas ist.

1897 erschien sein siebenbändiges Kompendium »Die Balearen in Wort und Bild«, das er später zu einer zweibändigen Ausgabe (1988 neu aufgelegt) straffte. Um 1908 ließ sich Ludwig Salvator endgültig auf Mallorca nieder.

Mit Ausbruch des Ersten Weltkrieges wurde er ›nach Hause‹ befohlen. Er starb am 12. Oktober 1915 auf Schloss Brandeis.

Son Marroig

Ludwig Salvator kaufte das 7,5 ha große Landgut im Jahr 1870, drei Jahre nach seiner Ankunft auf Mallorca.

Die Lage ist einmalig, und das im Renaissancestil errichtete Gebäude mit einer Loggia zum Meer hin und einem Wachturm aus dem 16. Jh. ist heute Andenken an den Erzherzog, der auch ein leidenschaftlicher Sammler war: In Glasschränken sind arabische Fayencen und antike Schmuckstücke aufbewahrt, die er von Reisen mitbrachte. Bemerkenswert ist eine Madonnenstatue aus dem 17. Jh., dazu Kuriositäten wie etwa der Sonnenschirm des Erzherzogs.

Das Anwesen ist heute im Besitz der Nachkommen von Don Antonio Vives, Privatsekretär des Arxiduc, Verwalter aller erzherzöglichen Besitzungen und Universalerbe. Catalina ging leer aus.

Miramar

Im alten Kloster Miramar zwischen Valldemossa und Deià ist der Geist zweier herausragender Persönlichkeiten vereint: Ramón Llull (s. S. 111), der als der Schöpfer der katalanischen Sprache gilt, und Ludwig Salvator. Das Haus war Sprachschule, Kloster und später Wohnhaus des Erzherzogs.

1276 wurde eine Sprachschule für junge Mönche eingerichtet, 1687 wurde das Anwesen an den Marqués de Arian verkauft. Später wechselten die Besitzer, bis Ludwig Salvator es 1872 erwarb. Es war das erste Anwesen, das er an der Küste kaufte, und es blieb ihm immer das liebste. Er restaurierte und erweiterte es, bewahrte die Olivenbäume und erhielt die alte Bausubstanz.

Von der Terrasse haben Sie nicht nur den Blick auf die Küste, sondern auch auf die Terrassen mit alten Olivenbäumen. Hier bekommt die Legende Sinn, wonach Ludwig Salvator nach und nach fast die gesamte Küste zwischen Valldemossa und Deià aufkaufte, um die Bäume zu retten.

Miramar bietet keine sensationellen Exponate, ist aber mit Sicherheit einer der schönsten Plätze der Insel.

> **Übrigens:** Besuchen Sie Miramar am späten Nachmittag. Dann ist das Licht besonders schön.

Öffnungszeiten

Son Marroig: Ctra. Valldemossa–Deià, Mo–Sa 9.30–14, 15–19.30, im Winter bis 17.30 Uhr, 3 €.
Miramar: Ctra. Valldemossa–Deià, kurz vor Son Marroig (aus Richtung Valldemossa kommend). Mo–Sa 9.30–14.30, 16.30–20 Uhr, 3 €.

Herzöglich speisen

Son Moragues, Valldemossa, Pass. Son Moragues, Tel. 971 61 61 11, Di–So. Hier, auf einem ehemaligen Landsitz des Erzherzogs, können Sie in historischem Gemäuer hervorragende und deftige Küche genießen.

Kultur

Seit 1978 dient Son Marroig auch als Aufführungsort für das **internationale Musikfestival** von Deià (s. S. 60).

Die Heilige wird dabei von einem kleinen Mädchen dargestellt.

Chopin-Festival: Aug. In der Kartause findet alljährlich dieses Musikfestival statt, das Klavierabende mit renommierten Pianisten bietet (www.festival-chopin.com). Kartenreservierung: Tel. 971 61 23 51.

Deià ► C 3

Der Ort zieht seit jeher Künstler an und ist auch für Feinschmecker ein Muss, **direkt 6 |** S. 59.

Übernachten

Stilvoll – **Hotel Es Molí:** Camí Es Molí, Tel. 971 63 90 00, www.esmoli.com, DZ 200–430 €, April–Okt. Gediegenes, altmodisches Haus mit 140 Betten. Sehr liebenswürdiger Service. Hier verkehren vor allem Stammkunden. Der parkähnliche Garten ist ein Gedicht. Mit großem Pool, eigener Badebucht, Tennisplatz etc.

Absolut wunderbar – **Hotel La Residencia:** Son Canals s/n, Tel. 971 63 90 11, www.hotel-laresidencia.com, 7 EZ, 33 DZ, 21 Suiten, DZ ab 350–700 €, Luxussuite mit eigenem Pool und Garten knapp 3000 €. Ein absolutes Vorzeigehotel in einem alten Landhaus. Die Zimmer sind sparsam und geschmackvoll mit Antiquitäten ausgestattet. Wellness und Fitnessraum. Der parkähnliche Garten bietet einen wunderschönen Ausblick auf Berge und Meer. Mitglied bei ›Leading Small Hotels of the World‹ und ›Relais & Châteaux‹. Eines der schönsten Hotels der Insel. Im La Residencia steigt oft Prominenz ab. Restaurant El Olivo (s. u.).

Essen und Trinken

Deià macht seinem Ruf als Gourmetadresse alle Ehre – auch preislich.

Edel – **El Olivo:** Son Canals s/n, Tel. 971 63 93 92, tgl. geöffnet, Degustationsmenüs 95–170 €, Lammkarrée mit Olivenkruste für 2 Personen 75 €. Das Restaurant des Hotels La Residencia hat sich der Nouvelle Cuisine verschrieben. Die innovative Küche des Mallorquiners Guillem Méndez ist sterneverdächtig. Erlesene Weinkarte. Doch selbst die alte Olivenpresse – nostalgische Erinnerung an alte Landgut-Zeiten – vermag nicht, die oft vornehmgedämpfte Atmosphäre aufzulockern.

Köstlich – **Es Racó d'es Teix:** Sa Vinya Vella 6, www.esracodesteix.es, Tel. 971 63 95 01, Mi–So 13–15, 19.30–23 Uhr, Feb.–Dez., im Winter nur abends, Degustationsmenü 95 €. Josef Sauerschell war Chefkoch im La Residencia, bevor er sich selbstständig machte. Seine kulinarischen Kreationen haben Reputation, sind leicht, markt- und saisonangepasst. Wunderschöner Blick von der Terrasse. Einen Michelin-Stern hat sich das Restaurant verdient.

Urig – **Jaume:** Archiduc Lluis Salvador 24, Tel. 971 63 90 29, Di–So 13–15, 19.30–23 Uhr, Juli, Aug. nur abends, Kaninchen 15,50 €. Bodenständige mallorquinische Küche, leicht zubereitet und ›abgespeckt‹.

Kreativ – **Sebastian:** Felipe Bauzá s/n, www.restaurantesebastian.com, Tel. 971 63 94 17, Do–Di 20–23 Uhr, im Winter 19.30–22.30 Uhr, Steinbutt auf Trüffel-Ravioli 26 €. Dem Bergdorf angepasstes Ambiente gepaart mit hervorragender Kochkunst. Chefkoch Sebastian Pasch verdiente sich seine Sporen im El Olivo. Jetzt bietet er mediterrane Küche in ungewöhnlichen Kombinationen.

Sport und Aktivitäten

Der Weg zur **Cala de Deià** ist kurz, aber steil und steinig. Der kleine Strand ist im Sommer häufig überlaufen. Die Fischbude ist hervorragend.

6 | Künstlerdorf und Gourmettreff – Deià

Karte: ▶ C 3 | **Detailkarte:** S. 61

Verschachtelte gelbe Bruchstein-häuser, Winkel und Ecken, ge-mauerte Wasserläufe an steilen Hängen, die kleine Kirche auf dem höchsten Hügel des Dorfes, Ausblicke aufs Meer – und über allem der Gipfel des Teix. Deiá ist der Inbegriff von Idylle. Und ein Mekka für Gourmets und Musikliebhaber.

Ein Dorf als Bühne

Deià ist das ›Künstlerdorf‹ der Insel. Der katalanische Maler und Schriftsteller Santiago Rusinyol sprach von »Spiel-zeugdorf« wegen der Lage der Häuser rund um die Kirche, die wie ein Sahne-häubchen über dem Dorf thront. Die oft steil ansteigenden Straßen sind eng und verwinkelt; selbst an heißen Sommertagen fließt Quellwasser aus den Bergen. Die Gärten sind prächtig – mit Bougainvillea, Akanthus und Oleander.

Die Lage des Dorfes am Fuße des Berges Teix (1062 m) oberhalb der felsi-gen Küste ist einmalig. Vom amerikani-schen Forbes-Magazin wurde Deià zu einem der zehn idyllischsten Plätze der Welt gekürt.

Deià ist auf den ersten Blick das per-fekte Dorf, die perfekte Touristenattrak-tion. Es gibt einige hervorragende Res-taurants, mehrere Hotels, darunter das berühmte Nobelhotel La Residencia und das Hotel Es Molí, wo die deutsche Fernsehserie »Hotel Paradies« gedreht wurde; dazu ein paar Bars, Läden und Boutiquen.

Die Künstler

»Das Blau das Mittelmeeres wie in ei-nem Einmachglas« will der englische Maler **Arthur Rhodes** in seinen Bildern festhalten, er lebt seit 1981 in Deià. Er hält sich an die alten Meister und malt Vermeers »Mädchen mit dem Perlen-ohrring« vor Deià als Hintergrund.

Die Westküste und die Berge

Künstler zieht es schon seit 200 Jahren nach Deià. Früh kam der französische Zeichner und Illustrator **Gustave Doré** (1832–1883), während der katalanische Maler und Schriftsteller **Santiago Rusinyol** (1861–1931) einer der Ersten war, der an der Cala de Deià mit Künstlerfreunden die beeindruckenden Sonnenuntergänge feierte. Später kamen Pablo Picasso (wenn auch nur kurz), Mati Klarwein, Ulrich Leman, Jakov Lind, Anaïs Nin, Paul Theroux, Anthony Burgess, Albert Vigoleis Thelen, Djuna Barnes. Manche, aber nicht alle, kamen wegen Robert Graves.

Natürlich – Robert Graves

Er war im deutschen Sprachraum unter dem Namen Robert Ranke Graves (1895–1985) bekannt. Der Brite war Literaturfreunden schon ein Begriff, bevor er nach Mallorca kam. Vor allem durch seine Autobiografie »Strich drunter!« (1929), die seine Erlebnisse aus dem Ersten Weltkrieg schildert. Von 1929 bis 1936 lebte er in Deià, dann in England, kehrte 1946 nach Mallorca zurück, wo er bis zu seinem Tod blieb. Sein Werk umfasst ca. 140 Bücher, die wichtigsten davon »Ich, Claudius, Kaiser und Gott« (1934), »Die Weiße Göttin« (1948) und »Griechische Mythologie« (1955).

Er schrieb auch über die Insel, auf der er sich zu Hause fühlte. Seine Impressionen sind unter dem Titel »Por qué vivo en Mallorca« (deutsch: »Geschichten aus dem anderen Mallorca«) erschienen. Das Buch ist mit feinem, subtilem Humor geschrieben, voller Anekdoten und Geschichten. Die wundersamen Illustrationen stammen von dem englischen Grafiker und Zeichner **Paul Hogarth**, der mit Robert Graves befreundet war.

Robert Graves wurde zum Mythos in Deià. Nicht umsonst ist das von ihm und seiner Familie einst bewohnte Haus Ca'n Alluny heute Musuem, in dem Werk und Leben des Meisters kenntnisreich dokumentiert sind. Das Graves-Haus gibt einen Eindruck des Mallorca der 40er- und 50er-Jahre.

Freunde und Jünger kamen. Das meiste Aufsehen erregte 1955 Ava Gardner, die der Familie in Freundschaft verbunden blieb. Die Namensliste weiterer Besucher ist lang: Alec Guiness, Peter Ustinov, Gabriel García Márquez, Kingsley Amis, Michael Caine, Alan Sillitoe, José Luis Borges, um nur einige zu nennen. Sie alle bewunderten Graves.

Robert Graves starb in Deià und wurde auf dem Friedhof an der Kirche begraben. Auf dem Grabstein steht außer Name und Lebensdaten die Bezeichnung »Poeta« (Dichter). Dazu zwei zerlesene Exemplare seiner Claudius-Romane, eine halb volle Flasche Whisky und eine rote Papierblume, das Ehrenzeichen der britischen Kriegsveteranen aus dem Ersten Weltkrieg. Whisky und Romane hätten ihm gefallen, das militärische Ehrenzeichen eher nicht.

Die Musik

Die späten 1970er-Jahre waren eine magische Zeit für Deià. 1978 gründeten Carl Mansker, Patrick Meadows und Stephanie Shepard das internationale **Musikfestival** von Deià. Sie kauften gemeinsam ein Clavicembalo und etliche Partituren mit Barockmusik. So konnte das erste Konzert stattfinden: In der Kapelle von Lluc Alcari (s. S. 62) anlässlich der Patronatsfiesta Nostra Senyora del Carme. Das Publikum war begeistert, man wollte mehr. Auch das nächste Konzert in der Pfarrkirche von Deià war gut besucht.

Das Festival von Deià ist mit Konzerten internationaler Kammermusik von April bis September inzwischen eine feste Einrichtung im Kulturkalender der Insel.

Die nächste Generation

Der Maler **David Templeton** kam 1978 nach Deià. Er hat Graves über Jahre immer wieder gezeichnet, ein Porträt hängt im Restaurant El Olivo.

Daneben ist Templeton auch Rocksänger. Gemeinsam mit den Graves-Söhnen Tomás und Juan gründete er die Band ›Pa amb oli‹, benannt nach Mallorcas Nationalgericht: Brot mit Öl, weil das »sehr mallorquín ist, sehr bodenständig«. Sie kommen aus unterschiedlichen musikalischen Richtungen: Juan Graves und David Templeton orientierten sich an der Musik der Beatles und Stones; Tomás Graves hörte zunächst psychedelische Musik. Zehn bis fünfzehn Konzerte geben sie im Jahr für ihre treue Fangemeinde. Manchmal üben sie mit dem britischen Komponisten Andrew Lloyd Webber, der ein Haus in Deià hat. Und manchmal gibt es ein Konzert in der legendären Bar Sa Fonda.

In der **Bar Sa Fonda** trafen sie sich früher alle: die Rockmusiker Kevin Ayers, Mike Oldfield, Eric Burdon, der Schriftsteller Jakov Lind, der Maler Mati Klarwein. Manche erinnern sich an wilde Zeiten und wilde Nächten, mit viel Sex,

Übrigens: Im unteren Teil des Dorfes liegt das kleine Archäologische Museum des Wissenschaftlers und Malers William Waldren (Es Clot, Tel. 971 63 90 01, www.briegull.com/waldren – geöffnet auf Anfrage).

Drugs and Rock 'n' Roll. Andere bezeichnen Sa Fonda als »Harem und Opiumhöhle«. Doch etliche gingen bald nur noch dorthin, um gesehen zu werden.

Den alten Geist von Kreativität möchte Tomás Graves durch das **Literaturfestival** ›Tertulia@Deià‹ wiederbeleben. Das Treffen von Schriftstellern und Intellektuellen ist ein Ableger des berühmten Festivals Hay-on-Wye im englischen Herefordshire und fand zuletzt 2008 statt. Hier diskutierten der englische Dichter und Schriftsteller Robert McGough mit dem Filmregisseur Peter Greenaway sowie Schriftsteller Hanif Kureishi mit der spanischen Literaturprofessorin Carme Riera. Die Zukunft des Festivals ist allerdings ungewiss.

Infos

Arthur Rhodes: www.arturorhodes.com
Casa de Robert Graves: Ca'n Alluny, am Ortsausgang von Deià in Richtung Sóller, Di–So 10–18 Uhr, 6 €.
Festival Internacional de Deià: Tel. 971 63 91 78, www.dimf.com. In der Pfarrkirche Sant Joan oder im Herrensitz Son Marroig (s. S. 57) findet alljährlich ein Kammermusik-Zyklus mit internationalen Interpreten statt.
Die legendäre **Bar Sa Fonda** im östlichen Ortsteil, Via Arch. Luis Salvador 5, hat unregelmäßig geöffnet, im Sommer meist tgl.

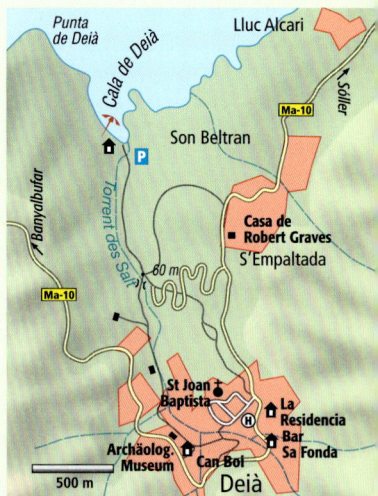

Lluc Alcari ▶ C 3

Die Ansicht des 10-Einwohner-Dorfes, das zwischen Deià und Sóller liegt, ziert so ziemlich jeden Prospekt oder Reiseführer. Und das zu Recht: Es gibt kaum ein schöneres auf der Insel. Nur der Strand ist winzig und steinig, dafür aber herrlich gelegen.

Sóller ▶ D 3

Der Handel mit Zitrusfrüchten hat Sóller reich gemacht und der kleinen Stadt zu Beginn des 20. Jh. einen Jugendstilboom beschert: **direkt 7 |** ▶ S. 63.

Übernachten
Charmant – **Hotel Ca'l Bisbe** **1**: Bisbe Nadal 10, Tel. 971 63 12 28, www.hotelcalbisbe.com, 25 Zimmer, DZ 110–135 €. Im ehemaligen Bischofspalast in der Nähe der Pfarrkirche wohnt man zentral.
Ausgesuchte Eleganz – **Hotel Casa Salvia** **2**: de la Palma 18, Tel. 971 63 49 36, www.hotelsalvia.com, 9 Zimmer und Suiten, DZ ab 250 €. Hier hat einfach alles Stil, jedes kleinste Detail wurde bedacht. Luxus pur, dabei mitten in der Stadt und dennoch ruhig. Mehr als 5000 Orangenbäume und mittendrin das alte Landgut, seit Generationen im Familienbesitz. Die Suiten sind mit alten mallorquinischen Möbeln eingerichtet.
Bewährt – **Landhotel Can Coll** **3**: Camí de Can Coll 1, Tel. 971 63 32 44, www.cancoll.com, DZ 170–200 €. Eins der schönsten Landhotels der Insel (11 Betten), jetzt auch mit Spa. Ausgangspunkt für Wanderungen und nicht weit vom Meer.
Nobel – **Ca's Xorc** **4**: Ctra. Deià, Km 56,1, Tel. 971 63 82 80, www.cas xorc.com, 10 Zimmer, DZ 220 €, Suite 290 €. Exquisites Hotel oberhalb von Sóller in wunderschönem Garten. Die alte Ölmühle wurde zu einem hübschen Restaurant mit sehr guter Küche umfunktioniert. Das Haus selbst ist komfortabel und geschmackvoll.

Essen und Trinken
In **Port de Sóller** finden Sie viele Restaurants und Cafeterías.
Hervorragend – **Bens D'Avall** **1**: Urb. Bens d'Avall, www.benetvicens. com, Tel. 971 63 23 81, Di–Sa 13–15.30 und 20–22.30 Uhr, So 13–15.30 Uhr, Dez.–Feb. (meist) geschl., Menü 85 €. Spitzenküche in bester Lage direkt am Meer unter Pinien. Benet Vicens betreibt ein Restaurant erster Kategorie mit mediterraner Nouvelle Cuisine. Am schönsten ist es hier tagsüber auf der Terrasse – mit Blick auf Meer und Felsen.

Einkaufen
In der Fußgängerzone von Sóller, dem Carrer de sa Lluna, gibt es etliche kleine nette Läden und Galerien.

Sport und Aktivitäten
Strand – **Port de Sóller** (▶ D 2): Liegt 5 km entfernt. Hier gibt es einen schmalen Strand in einer kreisrunden, geschützten Bucht. Abfahrtsort der Boote zur Cala Sa Calobra (s. S. 66)

Infos und Termine
Touristeninformation Sóller: im Rathaus, Plaça Constitució 1, Tel. 971 63 03 32.   ▷ S. 66

Wenn sie Zeit haben, fahren Sie über den 496 m hohen **Coll de Sóller** (▶ D 3) nach Sóller. Das ist zwar langwierig, lohnt aber. Die Straße ist wegen des Tunnels wenig befahren.

7 | Per Eisenbahn zum Jugendstil – Sóller

Karte: ▶ D 3 | **Cityplan:** ▶ S. 65

Der Export von Orangen und Zitronen brachte Wohlstand. ›Jardin d'Espagne‹ nannte man um 1900 das Tal von Sóller. Und die Bewohner zeigten, was sie erarbeitet hatten, bauten Häuser nach der neuesten Mode: im Jugendstil. Sogar Kirche und Rathaus bekamen eine neue ›falsche‹ Fassade.

Im Roten Bltz nach Sóller

Mehr als 80 % der Fahrgäste des ›Tren de Sóller‹ sind Urlauber. Kein Wunder, denn der ›Rote Blitz‹ atmet gute, alte Eisenbahnerseligkeit. Das beginnt bereits an den Bahnhöfen: Die Estació de Ferrocarril de Sóller liegt in **Palma** an der Plaça d'Espanya. Hier kauft man hinter einem schmiedeeisernen Portal an altmodischen Schaltern die Fahrkarten.

Der Bahnhof entstand zur Gründung der Eisenbahn im Jahr 1912. In einer Zeit, in der Mallorca sich dem Jugendstil verschrieben hatte. Kurz zuvor wirkte Antoni Gaudí in der Kathedrale, es entstand das Gran Hotel unter der Leitung des katalanischen Architekten Lluis Domènec i Muntaner. Jugendstilelemente wie geschwungene Linien, kunstvolle Verzierungen und viele Schnörkel sind auch am Ferrocarril-Bahnhof in Palma zu finden.

Der **Bahnhof** **1** in Sóller kann sich mit dem Etikett ›ältester Bahnhof der Welt‹ schmücken. Denn er wurde 1912 in einem alten Stadtpalast aus dem 17. Jh. untergebracht. So vermischen sich die klassischen Bauelemente der mallorquinischen Architektur mit den Linien des Modernismo. Bis heute erhalten sind die hölzernen Bänke unter dem überkragenden Dach mit den verzierten Eisenstreben, der alte Fahrkartenschalter und die herrschaftliche Treppe, die von den Gleisen zum Ausgang führt.

Reichtum durch Zitrusfrüchte

Sóller war – wie andere Städte der Insel auch – rund 300 Jahre maurisch. Hier hinterließen die Araber ganz besonders deutliche Spuren, die bis heute sichtbar sind. Sie schufen die Grundlagen für das Bewässerungssystem der Gemeinde und damit auch das Rezept, wie man reich wird. Nicht umsonst nennt man das Tal von Sóller auch das Orangental, nach dem arabischen Wort *suliar*, was wörtlich das ›goldene Tal‹ heißt. Golden, weil hier Orangen und Zitronen in großen Plantagen zu finden sind. Auch das ist ein arabisches Erbe.

Die Orangenbauern wollten ihre Produkte gewinnbringend verkaufen. Da der Weg über den Coll de Sóller nach Palma weit war, suchten sie nach bequemeren Absatzmöglichkeiten. Zu einer Zeit, als es weder Eisenbahn noch Passstraße gab.

Sie orientierten sich nach Norden, nach Frankreich. Schon im 19. Jh. ankerte eine Handelsflotte im Hafen von Sóller, der aufgrund seiner kreisrunden Form bis heute als sicher gilt. Die Schiffe brachten das Gold von Sóller nach Marseille, Sète oder Toulouse. Von dort gelangten die Zitrusfrüchte nach Deutschland und in die Schweiz. Die Beziehungen zu Südfrankreich wurden enger als die zu Palma. Etliche Sollerics wanderten nach Frankreich aus. Französisch wurde die Sprache der Progressiven in Sóller.

Die Stadt

Das Stadtbild zeugt noch heute vom einstigen Reichtum. Die Bürgerhäuser in den kopfsteingepflasterten Straßen haben Patios und geschmackvoll möblierte Innenräume.

Um die fast kreisrunde **Plaça de la Constitució** 2 reihen sich Bars und Cafeterias. Hier liegt auch die Pfarrkirche **Sant Bartomeu** 3, die auf den Mauern der einstigen Moschee ent-

stand. Der heutige Bau stammt aus dem 17. Jh., erfuhr aber, ebenso wie das **Rathaus** daneben, später bauliche Veränderungen.

Wer auf Mallorca Jugendstil sagt, meint Palma. Zu Unrecht. Während Gaudí in der Kathedrale tätig war, beschloss der Pfarrer von Sóller, Sebastià Maimó, die Fassade der Kirche zu restaurieren. Dazu holte er den katalanischen Architekten Joan Rubí, einen Gaudí-Schüler. Der Meister begutachtete die Arbeit von Rubí und befand sie für gut. Woraufhin die Bank nebenan den Architekten ebenfalls verpflichtete.

Can Prunera 4

Joan Magraner Oliver – in Sóller Joan Prunera genannt – unterhielt im Elsass eine Firma für den Im- und Export von Früchten. Er war reich geworden und ließ sich, vermutlich von einem Schüler Gaudís, ein Haus in seinem Heimatort bauen. Das Haus blieb lange in der Familie, wurde 2000 unter Denkmalschutz gestellt; sechs Jahre später kaufte es die Fundación Tren de L'Art, deren Präsident der Verleger und Kunstsammler Pere A. Serra ist. Aus seiner Sammlung wurde das Museum bestückt.

Die Kalksteinfassade hat geschwungene Linien und schmiedeeiserne Balkongitter. Die Innenräume werden dominiert von einer geschwungenen Treppe und bemalten Deckenstrukturen. Die Wandfarben wurden nach alten Plänen erneuert, ebenso die geschnitzten Ornamente an Türen und Fenstern. Im 1. Stock sind mehrere Räume mit restaurierten Originalmöbeln ausgestattet: Betten, Sofas, Kommoden, Lampen, Tische.

Seit 2009 ist Can Prunera Kulturzentrum für moderne und zeitgenössische Kunst. Gleich am Eingang grüßt ein Werk von Anselm Kiefer. Im 1. Stock sind eine Sammlung von Puppen zu se-

hen sowie Bilder zeitgenössischer Maler wie Horacia Sapere, im 2. Stock Bilder von Santiago Rusinyol, Joan Sureda oder Meifrén. Das Kernstück der Ausstellung ist im 3. Stock: »Vom Jugendstil bis zum 21. Jahrhundert. 101 zeitgenössische Künstler«. Hier sind – vor allem mit Papierarbeiten – große Namen vertreten: Picasso, Miró, Munch, Nolde, Juan Gris, Utrillo, Schiele, Magritte, Léger, Penck, Dubuffet, Vostell, Rebecca Horn und viele andere. Das Untergeschoss ist für Wechselausstellungen reserviert.

Fahrt mit dem ›Roten Blitz‹

Wenn Sie nach Sóller wollen, fahren Sie mit dem ›Roten Blitz‹, der historischen Eisenbahn. Abfahrt in Palma, Plaça d'Espanya, Tel. 902 36 47 11, www.trendesoller.com. Palma–Sóller 7 x tgl. 8–19.30 Uhr, Sóller–Palma 6 x tgl. 7–18.30 Uhr, einfach 10 €. Im Anschluss fährt die alte ›Tranvía‹ nach Port de Sóller; einfach 4 €.

Öffnungszeiten Can Prunera

Can Prunera: Sa Lluna 90, Tel. 971 63 89 73, tgl. 10.30–18.30 Uhr, 5 €.

Was es noch zu sehen gibt

Museu del Casal de Cultura **5** : Mar 9 (Rathaus), Tel. 971 63 46 63 , Mo–Fr 10–16, Sa 10–13 Uhr. Ein liebevolles Sammelsurium von Möbeln, Gebrauchsgegenständen und Zeichnungen von Mallorcas Pflanzen.
Naturwissenschaftliches Museum **6** : Ctra. Palma–Sóller, km 30, www.jardibotanicdesoller.org, Tel. 971 63 40 64, Di– Sa 10–18, So 10–14 Uhr, 5 €. Botanischer Garten und systematische Sammlung aller endemischen Pflanzen Mallorcas.

Touristeninformation Port de Sól-ler: Canonge Oliver 10, Tel. 971 63 30 42.
Cristians i Moros: 2. Montag im Mai. In Erinnerung an die tapfer abgewehrten Piratenüberfälle im Jahr 1551 wird die Schlacht zwischen Mauren und Christen an der Platja d'en Repic originalgetreu nachgespielt.

In der Umgebung

Schon die Anfahrt zur **Cala Sa Calobra** (▶ E 2) über Mallorcas abenteuerlichste Pass-Straße, erbaut 1932, ist ein Traum. Am berühmtesten ist der Nus de Corbata, der ›Krawattenknoten‹, eine Kurve von 360°. Unten an der Küste mündet in der Bucht von Sa Calobra der Süßwasserlauf des **Torrent de Pareis** ins Meer. Die Bucht zählt zum landschaftlich Eindrucksvollsten, das Mallorca zu bieten hat. Ruhig ist es hier allerdings nicht immer. Busse, Mietwagen und Ausflugsboote aus Port de Sóller steuern während der Hauptsaison Sa

Calobra an, wo es ein paar Ausflugsrestaurants gibt. Im August findet hier das **Chorkonzert der Capella Mallorquina** statt: Der Chor besteht seit inzwischen mehr als 30 Jahren. Das breite Repertoire reicht von Barockmusik über Klassik bis zu mallorquinischer Folklore.

Unweit der Cala Sa Calobra liegt die **Cala Tuent**. Die Bucht mit kristallklarem Wasser und den Bergen im Hintergrund ist atemberaubend schön, zum Baden kann man sie allerdings nur bei gutem Wetter empfehlen. Früher gab es hier nur eine unscheinbare Bar, inzwischen stehen hier auch einige Chalets.

Lluc ▶ E 2

Das **Kloster Lluc**, abgeschieden im Tramuntana-Gebirge gelegen, ist Mallorcas Wallfahrtsort schlechthin und das Zentrum der Marienverehrung. Hier

Am Ende einer spektakulären Fahrt wartet eine spektakuläre Bucht – Cala Sa Calobra

Ein mystischer Ort der Marienverehrung – die Basilika des Klosters Lluc

wird die ›Moreneta‹, die Schwarze Madonna, verehrt. Im Kloster sind heute auch die Singschule und das Internat der ›Blauets‹ (Bläulinge) beheimatet. Den Namen verdanken die inzwischen international bekannten Sängerknaben ihren blauen Kragen. Sie singen – außer in den Schulferien – jeden Tag um 11.15 Uhr.

Der heutige Kirchenbau des Klosters wurde 1648 vollendet. Beachtenswert ist die prächtige Fassade. Die Marienstatue am Hauptaltar der Kirche (»Nigra sum sed formosa« – Ich bin schwarz, aber schön) stammt aus dem 15. Jh. Das kleine Museum (Mo–Fr 10–14 Uhr) in einem Seitentrakt zeigt Gebrauchsgegenstände aus mehreren Jahrhunderten: von Musikinstrumenten über Trachten und Messgewänder bis zu Keramik und Funden aus der mallorquinischen Frühgeschichte sowie eine ständige Ausstellung des katalanischen Malers Coll Bardolet. Info: www.lluc.net; Eintritt 4 €.

Übernachten

Eine Nacht in der Zelle – Man kann im **Kloster** übernachten. Zur Verfügung stehen 129 Zimmer mit Bad und Heizung, Anmeldung unter Tel. 971 87 15 25, Infos auch unter www.lluc.net. Die Preise gelten pro Klosterzelle und je nach Zahl der Personen: für zwei Personen zahlt man ca. 30 €, für drei ca. 40 €, für vier ca. 50 €.

Sport und Aktivitäten

Picknicken und Grillen – In unmittelbarer Umgebung liegen mehrere Picknickplätze mit offiziellen Grillstellen, die von Mallorquinern am Wochenende begeistert für gemütliche Grillgelage genutzt werden.

Wandern – Das Kloster Lluc ist ein idealer Ausgangspunkt für **Bergwanderungen**. Vom Dorf Escorca (▸ E 2), nur wenige Kilometer oberhalb von Lluc, beginnt der Einstieg in den **Torrent de Pareis**. Mehr zu dieser Wanderung auf S. 53.

Der Norden

Pollença ▶ F/G 1/2

Kleine schmucke Paläste mit Patina sowie eine reiche Kultur machen Pollença zur ›heimlichen Hauptstadt‹ Mallorcas, **direkt 8 ▶** S. 70.

Übernachten

Mittendrin – **Juma 1**: Plaça Major 9, Tel. 971 53 50 02, www.hoteljuma.com, DZ ab 120 €. Auch wenn die Zimmer einfach sind, besticht die Lage, wenn man Stadturlaub machen möchte.

Traditionell – **Hotel Illa D'Or 2**: Paseo Colón 265, Port de Pollença, Tel. 971 86 51 00, www.hotelillador.com, DZ 110–260 €. 119 Zimmer. Traditionshotel mit schönem Garten etwas außerhalb von Port de Pollença.

Luxuriös – **Son Brull Hotel 3**: Ctra. Palma–Pollença PM 220, Km 49,8, Tel. 971 53 53 53, www.sonbrull.com, DZ 345–675 €. 23 Doppelzimmer und Suiten. Ein Luxustraum in einem ehemaligen Kloster, avantgardistisch eingerichtet, mit dem hervorragenden Restaurant 3/65 und Spa.

Essen und Trinken

Guter Fisch – **Clivia 1**: Pollentia 9, Tel. 971 53 36 35, Mo u. Mi mittags geschl., Wolfsbarsch 22 €, Caldereta de Langosta (Langustentopf) 19 € – vorbestellen. Traditionelle, sehr gute Fischgerichte in gediegenem Ambiente.

Ökologisch – **La Trencadora 2**: Ramón Llull 7, Tel. 971 53 18 59, Mi–Mo 12.30–15, 19.30–23 Uhr, Entenbrust

mit Honig und Orangensauce 20 €. Restaurant, Bio-Laden sowie Schulungs- und Kongresszentrum von Peter Maffays Tabaluga-Stiftung. Die Zutaten des guten Restaurants stammen von der hauseigenen Finca bei Port de Pollença. Auch wer keine karitative Ader hat, wird sich hier wohlfühlen.

Fisch vom Grill – **La Lonja del Pescado 3**: Moll Pesquer, Port de Pollença, Tel. 971 86 70 77, März–Dez., Do–Di. Hervorragender Fisch vom Grill 22 €, Meeresfrüchteplatte 30 €, Spezialität: Arroz de Pescado, ein Reiseintopf mit Fisch und Schalentieren. Sonntags viele spanische Familien.

Fantasievoll – **Restaurante Stay 4**: Port de Pollença, Moll Nou s/n, Tel. 971 86 40 13, tgl. 12–22.30 Uhr, 3-Gänge-Degustationsmenü 30 €. Gegenüber dem Jachthafen mit Blick aufs Meer. Reichhaltige Speisekarte mit Spezialitäten wie Caldereta de Langosta (Langusteneintopf), Terrine von Entenstopfleber oder hausgemachte Ravioli. Alles gut und fantasievoll zubereitet.

Einkaufen

Moderne Kunst – **Galerie Bennassar** und **Galerie Major:** beide Plaça Major **1** in Pollença. Sehr gute Arbeiten zeitgenössischer Maler und Bildhauer.

Miniaturwelten – **Jerónima Frontera Company 2**: Camí de la Font s/n, Tel. 971 53 28 98. Puppenstuben im Kleinstformat, so echt wie irgend möglich. Bitte vor dem Besuch einen Termin ausmachen.

Zwischen alten Gemäuern lädt die Altstadt von Pollença zu einem entspannten Mahl

Edles für Bett und Tisch – **Casa María**
3: Port de Pollença, Passeig Saralegui 86, Tel. 971 86 55 51. Bestickte Tisch- und Bettwäsche. Nicht billig, aber absolut exklusiv.

Sport und Aktivitäten
Golfen – **Golfclub Pollença:** 2 km von Pollença entfernt, Ctra. Palma–Pollença, km 49,3, Tel. 971 53 32 16, www.golfpollensa.com. 9-Loch-Platz, 5302 m, Par 70 (2 Rundgänge).
Segeln und Surfen – **Sail & Surf:** Passeig Saralegui 134, Port de Pollença, Tel. 971 86 53 46, www.sailsurf.eu. Bietet Segel- und Surfkurse und veranstaltet auch Jachttörns.

Infos und Termine
Touristeninformation
Pollença: im Rathaus, Calvari 2, Tel. 971 53 01 08.
Port de Pollença: Formentor 31, Tel. 971 86 54 67.
Informationen gibt es auch im Internet unter www.info.pollensa.com.

Termine
Devallement: Karfreitag. Kreuzabnahme Christi auf dem Kalvarienberg.
Nit de l'Art: Juni. An der Cala Sant Vicenç, einer kleinen Bucht nördlich von Pollença, präsentieren internationale Künstler ihre Skulpturen während einer frühsommerlichen Vollmondnacht am Strand.
Cristians i Moros: 2. Aug. Eine nachgestellte Schlacht zwischen Christen und Mauren in Erinnerung an einen Piratenüberfall – bei dem natürlich die Christen siegten. Zum selben Termin findet ein Patronatsfest mit Musik und Tanz statt.
Internationales Musikfestival von Pollença: Aug.–Sept. Alljährlich findet im Kreuzgang von Sant Domènec dieses renommierte Festival mit Top-Interpreten statt. Spezialisiert ist es auf Kammermusik. In der Regel werden zehn bis zwölf Konzerte gegeben. Karten sind erhältlich über Patronats Festival de Pollença, Calvari 2, Tel. 971 53 40 12, www.festivalpollenca.org.

8 | Die heimliche Hauptstadt – Pollença

Karte: ▶ F/G 1/2 | **Cityplan:** S. 72

In Pollença, heißt es, spricht man das beste Mallorquín der Insel. Die Stadt mit ihren kleinen Palästen aus dem 18. und 19. Jahrhundert gilt als die heimliche Hauptstadt, in sich geschlossen, manchmal fast abweisend. Eine Stadt der Künste und der Musik: Das internationale Musikfestival hat Weltruf.

Ganz große Sehenswürdigkeiten gibt es nicht, dennoch ist der Ort faszinierend. »Die wirklich feinen Leute gehen nach Pollença«, schrieb der mallorquinische Schriftsteller Llorenç de Villalonga (1897–1980) über die neue Mode seiner Landsleute, im Sommer ›in die Sommerfrische‹ an den Strand zu fahren‹.

Die Geschichte

Im Jahre 123 landete der Römer Cecilius Metelus mit seinen Truppen in der größeren der beiden nördlichen Buchten, der heutigen Badia de Alcúdia, und gründete eine Stadt, die er ›Polentia‹ nannte: die Mächtige. 1000 Jahre später gingen am selben Ort maurische Eroberer an Land, zerstörten die ehrwürdige Stadt und errichteten in unmittelbarer Nähe eine neue Stadt. Sie gaben ihr den Namen ihres Standortes ›Al-Kudia‹ – Hügel. Wieder 500 Jahre später flüchteten Bürger aus Alcúdia vor der Piratenplage landeinwärts, gründeten eine dritte Stadt und nannten sie nach der ersten: Pollença. Dass sich am Ort der neuen Stadt einst eine römische Siedlung befand, beweist die antike Brücke, die das meist trockene Bett des Torrent Sant Jordi überspannt.

Der Kalvarienberg

Einen wunderschönen Blick über die Stadt hat man vom **Kalvarienberg** **1**. 365 Stufen führen hinauf, für jeden Tag des Jahres eine. Die Legende erzählt von Schiffbrüchigen, die im Jahr 1252

in der Cala Sant Vicenç an Land gespült wurden. Als Dank für ihre wundersame Rettung errichteten sie ein Kreuz auf einem Hügel nahe der Stadt. Da das Gelände den Tempelrittern gehörte, nannte man ihn ›Puig del Temple‹. Erst 1795 entschloss man sich zum Bau eines kleinen Oratoriums.

Die Stadt

Der Stadtkern mit seinen unregelmäßig verlaufenden Gassen erinnert an eine maurische Medina. Die meisten Häuser, ernst und abweisend, stammen aus dem 16. Jh. Besonders schön sind die vielen verspielt geschmiedeten Balkongitter. An der **Plaça d'Almoina** befindet sich das Wahrzeichen von Pollença: **El Gallo** 2 – der Hahn – auf dem gleichnamigen Brunnen. Ein Fresko hinter Glas an einer Hauswand erinnert an San Vicente Ferrer, den Dominikanermönch, der im 17. Jh. auf Mallorca Almosen verteilte und zornig gegen alle Ketzer predigte – und gegen die Juden. Ein Stück weiter nördlich liegt die Jesuitenkirche **Monti.Sion** 3 von 1667.

Die Kunst

Die Gegend rund um Pollença, eine Landschaft geprägt von Bergen, Buchten und Meer, war das Lieblingsmotiv der Maler der ›Schule von Pollença‹, in den frühen 1920er-Jahren gegründet von dem Argentinier Tito Cittadini (1886–1960), dem Katalanen Hermenegildo Anglada Camarasa (1871–1951) und dem Mallorquiner Dionís Bennàssar (1904–1967). Sie malten einen bunten Bilderbogen von Mallorca, der im In- und Ausland Furore machte.

Pollença war zu jener Zeit ein Mekka für Maler. Neben Camarasa und Cittadini arbeiteten hier Erwin Hubert, Joaquim Mir und Joaquín Sorolla.

1940 hatte Dionís Bennàssar seine erste Ausstellung in Palma. Mit großem Erfolg. Nach erfülltem, aber zu kurzem Leben starb Dionís Bennàssar am 28. Dezember 1967. 1981 wurde er Ehrenbürger der Stadt.

Das frühere **Wohnhaus von Bennàssar** 4 ist heute ein Museum. 1400 Werke hat er hinterlassen, einen Kosmos voller Farbe, Heiterkeit, Schönheit und ein Abbild Mallorcas, das seinesgleichen sucht. Das Museum ist ein typisches Dorfhaus aus dem 17. Jh., wie man sie in den Straßen von Pollença häufig findet. Vieles wurde im Originalzustand belassen.

Im Erdgeschoss sind die Arbeiten aus den Jahren 1932 bis 1958 untergebracht, die die Entwicklung des jungen Dionís deutlich machen: weg vom Realismus, hin zu einer poetischen Synthese, weg vom Abbild, hin zur Idee eines Bildes und deren Umsetzung. Im 1. Stock hängen Werke aus den Jahren 1963 bis 1967. Im 2. Stock sind figurative Arbeiten aus mehreren Jahren zusammengestellt.

Die Musik

Anfangs glaubte niemand daran, dass ein Musikfestival in einer unbekannten Stadt auf Mallorca Erfolg haben könnte. Wer kannte 1961 schon Pollença?

Der Geiger Philipp Newman (1904–1966) erklärte, er wolle ein Musikfestival ins Leben rufen, bei dem Künstler und Publikum aus aller Welt sein Stelldichein geben würden. Und er fand offene Ohren bei Bürgermeister Toni Siquier. Als Veranstaltungsort wurde der Kreuzgang des Klosters Santo Domingo gewählt. Hier stimmten Ambiente und Akustik. Hier stimmte auch das Klima, denn Juli, August oder September waren für die Festwochen vorgesehen.

Es gab Konzerte erster Güte. Das Festival von Pollença konnte sich sehen lassen. Ein paar Jahre lang. Dann starben Newman und Siquier. Die Musik-

wochen fanden zwar weiter statt, aber nur im kleinen Rahmen. Allmählich rappelten sich die Musikwochen wieder auf, die gastierenden Künstler hatten wieder Klasse. Das zog nach und nach das erhoffte Publikum an. 35 Jahre lang war der Geiger Eugen Prokop (1922–2005) der musikalische Leiter. Heute wird das Festival von dem Sänger Joan Pons geleitet. Und in jedem Jahr gastieren in Pollença berühmte Musiker.

Puig de Santa María

Die **Ermita de la Mare de Déu del Puig** liegt auf dem Puig de Santa María gegenüber von Pollença. Hier wurde im 14. Jh. eine vor den Arabern verborgene Marienstatue gefunden. Es entstand eine Kapelle, später ein Kloster, in dem zunächst Nonnen, ab dem 19. Jh. Mönche lebten. Der Aufstieg zum Kloster dauert knapp zwei Stunden. Der Blick von oben ist überwältigend.

Infos und Öffnungszeiten
Casa Museu Dionís Bennàssar: Roca 14, Di–So 10.30–13.30, im Sommer Di–Sa auch 18–20.30 Uhr, www.museudionisbennassar.com.
Museu Martí Vicenç: Calvari 10, Di–Sa 10–13.30, 15.30–19, So 10–13.30 Uhr, www.martivicens.org, Eintritt frei.
Internationales Musikfestival von Pollença: www.festivalpollenca.org

Eine Nacht auf dem Berg
Die **Ermita de la Mare de Déu** auf dem Puig de Santa María, Tel. 971 18 41 32, bietet DZ für 22 € (Extrabett 7 €), Frühstück 2,20 €. Die Zwei- und Vierbettzimmer sind einfach; es gibt auch einen Schlafsaal. Mittagessen serviert das Restaurant von 13 bis 15 Uhr, die Bar hat von 8 bis 20.30 Uhr geöffnet. Eine Reservierung ist auch für das Restaurant nötig.

Zur Halbinsel Formentor
▶ G/H 1

Das nahe **Port de Pollença** (▶ G 1), ein Ferienort mit Tradition, liegt 5 km entfernt und lockt mit einem langen feinsandigen Strand, einem hübschen Jachthafen und einer wunderschönen Uferpromenade.

Von der nordöstlich gelegenen Bucht **Cala Sant Vicenç** hat man einen atemberaubenden Blick auf das Felsmassiv Cavall de Bernat und das Kap Formentor.

Auf der Südseite der Halbinsel liegt die **Cala Pi de la Posada**, eine knapp 500 m lange, wunderschöne Badebucht mit Sandstrand und Wassersportmöglichkeiten.

Näher am Kap sorgt die **Cala Figuera** bei Km 12 mit ihrem kleinen Sandstrand für ein urwüchsiges Badeerlebnis.

Fast auf selber Höhe, nur auf der Südseite, lohnt die winzige **Cala Murta** bei Km 13 den Fußweg von 2 km.

Von kaum einem Punkt der Insel ist der **Sonnenaufgang** schöner zu sehen als vom Kap Formentor. Wer so früh morgens schon Hunger hat, sollte ein Picknick mitbringen. Hier ruht die Welt um diese Zeit noch.

Kap Formentor ▶ H 1
Die Halbinsel Formentor im Norden ist zweifelsohne eines der landschaftlichen Highlights – 13 km lang, bis zu 44 m hoch und steil ins Meer abfallend. Die abenteuerliche Straße führt bis zu einem Leuchtturm. Bei klarem Wetter kann man von dort Menorca sehen. Die 20 km lange Straße wurde in den 1920er-Jahren von dem italienischen Ingenieur Parietti konzipiert. Zur gleichen Zeit eröffnete der argentinische Unternehmer das Hotel Formentor: teuer, exklusiv, mit Privatstrand. Hier nächtigte die Prominenz. Zurzeit wird das Hotel nach modernsten Gesichtspunkten restauriert.

Wild, rau und zerklüftet ist das Kap Formentor ganz im Nordosten der Insel

Alcúdia/Port d'Alcúdia

▶ G 2

Zu Römerzeiten hieß das Städtchen ›Pollentia‹ (die Mächtige). Die Araber tauften die Siedlung in Alcúdia um (von *al-kudia*, der Hügel). Der Name blieb unter christlicher Herrschaft bestehen. Während der Bauernaufstände (1519–1523) hielt die Stadt als Einzige auf Mallorca dem König die Treue und bot den Adligen Schutz. Die Stadtmauern und das Zentrum wurden restauriert und lohnen einen Rundgang. Die Altstadt ist für Autos gesperrt.

Alcúdia lebt vor allem vom Tourismus, denn der zugehörige Hafen, Port d'Alcúdia, ist ein aufstrebender Badeort mit großen bis sehr großen Hotels, der vor allem von Familien bevorzugt wird.

Stadtmauer

Sie wurde 1362 begonnen und im 16./17. Jh. ausgebaut, von den Stadttoren sind die **Porta de Sant Sebastià** **1** und die **Porta de Xara** **2** erhalten.

Pfarrkirche Sant Jaume **3**

Mai–Okt. Di–Fr 10–13 Uhr, 1 €
Der heutige Bau, ein Beispiel spanischer Gotik, stammt aus dem 16. Jh. und ist in die Stadtmauer integriert. Besonders schön sind die Rosette über dem Hauptportal und die beiden Altarreliefs mit Szenen aus dem Leben Sant Jaumes.

Rathaus **4**

Das Gebäude mit dem auffallenden Uhrturm und dem schönen Kacheldach steht im (kleinen) Stadtzentrum.

Römische Ausgrabungen **5**

außerhalb der Stadtmauer, gegenüber der Pfarrkirche, Di–Fr 10–16, Sommer bis 15 Uhr, nur mit Führung
Man erkennt Straßenzüge und Hausstrukturen. Das Gelände ist noch nicht komplett erschlossen. Im **Museu Monográfic de Pollentia** **6** (Sant Jaume, geöffnet wie oben, 3 €) sind Ausgrabungsstücke zu sehen. Das kleine **römische Theater** **7** liegt an der Straße nach Port d'Alcúdia bei Km 54.

Fundación Yannick y Ben Jakober **8**

Sa Bassa Blanca (Richtung La Victoria), Tel. 971 54 98 80, www.fundacion jakober.org, Di 9.30–12.30, 14.30–17.30 Uhr oder nach Voranmeldung
Zeitgenössische Kunst, Kinderporträts (16.–19. Jh.), Skulpturenpark mit Werken des Malers und Bildhauers Ben Jakober und ein Rosengarten.

Übernachten

Liebenswürdig – **Hotel Ca'n Simó** **1**: Sant Jaume 1, Tel. 971 54 92 60, www.cansimo.com DZ 100–130 €. Kleines, gemütliches Stadthotel mit 7 Zimmern im historischen Zentrum. Patio, beheizter Pool und kleiner Fitnessraum. Im angeschlossenen Restaurant gibt es mediterrane Küche.

Design in der Schmiede – **Cas Ferrer IX Nou Hotelet** **2**: Pou Nou 1, Tel. 971 89 75 42, www.nouhotelet.com, Feb.–Dez., DZ 110–150 €. Die 6 Zimmer sind mediterran eingerichtet. WLAN und DVD-Player in allen Zimmern, Hydromassage in den Bädern.

Solide – **Mal Pas** **3**: Platja Mal Pas, Tel. 971 54 51 43, Fax 971 54 51 33, DZ 45–75 €. Gediegenes Hotel mit 180 Betten. Auch für ältere Jahrgänge geeignet, außerhalb des Zentrums.

Noble Einsamkeit – **Landhotel Monnaber Nou** **4**: Campanet, Tel. 971 71 76, www.monnaber.com, DZ 114–160 €. Das Hotel mit den 25 Zimmern liegt in der Nähe der Tropfsteinhöhlen auf einer Anhöhe. Wellness- und Fitnessbereich. Hervorragender Service. Rad- und Reitausflüge. Vom Restaurant

Alcúdia

Sehenswert

1 Porta de Sant Sebastià
2 Porta de Xara
3 Sant Jaume
4 Rathaus
5 Röm. Ausgrabungen
6 Museu Monográfic
7 Röm. Theater

8 Fundación Yannick y Ben Jakober

Übernachten

1 Ca'n Simó
2 Cas Ferrer IX Nou Hotelet
3 Mal Pas

4 Monaber Nou
5 Son Siurana

Essen und Trinken

1 Bogavante
2 Los Patos
3 Mirador de la Victoria
4 Jardín

traumhafter Panoramablick. Gute mallorquinische Küche.

Edel und ländlich – **Finca Son Siurana** 5 : Ctra. Palma–Alcúdia 45, Tel. 971 54 96 62, www.sonsiurana.com, Apt. 180–228 €, Haus 212–244 €, Frühstück 12 €. Haupthaus und Nebenhäuser des Landguts, mal als Apartment, mal als Haus vermietet, wurden edel gestaltet. Wie Urlaub auf der eigenen Finca mit sehr viel Personal.

Essen und Trinken

Traditionell – **Bogavante** 1 : Teodor Canet 2, Tel. 971 54 73 64, im Sommer tgl., sonst Di–So, guter Fisch vom Grill ab 23 € und deshalb beliebt.

Bewährt – **Los Patos** 2 : Ctra. Sa Pobla, Km 8,9, Tel. 971 89 02 65, Mi–Mo, Albufera-Aal 17 €. Gute mallorquinische Küche und Fleisch vom Holzkohlengrill. Spezialität im Januar: Aale aus dem Sumpfgebiet der Albufera.

Einfach – **Mirador de la Victoria** **3**: Ctra. Cabo Pinar, Tel. 971 54 71 73, Di–So., Sepia a la plancha 13 €. Bodenständige mallorquinische Küche. Der Blick von der Terrasse ist herrlich.

Gourmet – **Jardín** **4**: Port d'Alcúdia, Tritones s/n, Tel. 971 89 23 91, www.restaurantejardin.com, Mai–Sept. tgl. mittags und abends. Mittelmeerküche vom Feinsten. Ravioli vom Hummer 21 €. Die Umgebung des Restaurants könnte schöner sein.

Ausgehen

In Port d'Alcúdia ist jeden Sommer eine andere Disco angesagt.

Tanzen – **Disco Menta:** Av. Tucán 5, Tel. 971 89 19 85, www.discomenta.es.

Sport und Aktivitäten

Strandvergnügen – Der 3,5 km lange feinsandige Strand von **Port d'Alcúdia** bietet viel Platz. Es gibt Sportmöglichkeiten wie Tennis und Tretbootfahren.

Nordic Walking – **Campamento de la Victoria:** Camí Vell de la Victoria, Tel. 650 39 19 69, www.nordicwalkingillesbalears.com. Kurse aller Art.

Segeln – **Puerto Turístico Deportivo Alcudiamar:** Passeig Marítim 1, Tel. 971 54 60 00, www.alcudiamar.es. Segelschule und großer Jachthafen.

Wasserspaß – **Hidropark:** Av. Tucán s/n, www.hidropark.com, tgl. 10.30–18 Uhr. Spaßbad als Strandalternative.

Fahrräder – **Niu Wave:** Pollentia 75.

Golf – **Club de Golf Alcanada:** Ctra. Del Faro, Tel. 971 54 95 60, www.golf-alcanada.com, 18-Loch-Platz, Par 71.

In der Umgebung

Parc natural s'Albufera de Mallorca
direkt 9▏ ▶ S. 77

Infos und Termine

Touristeninformation

Alcúdia: Major 17, Tel. 971 89 71 00. **Port d'Alcúdia:** Passeig Marítim s/n, Tel. 971 54 72 57.

Termine

Wallfahrt zur Ermita de la Victòria: 2. Juli.

Sant Jaume: 25. Juli. Fest zu Ehren des Stadtpatrons, unter anderem mit Konzerten.

Spannende Geschichten könnten die Gemäuer der Altstadt von Alcúdia erzählen

9 | Vögel, Reis und Aale – das Sumpfgebiet der Albufera

Karte: ▶ G 2/3 | **Detailkarte:** S. 79

Tausende von Vögeln kommen jedes Jahr, um hier zu überwintern. Doch die Sümpfe der Albufera waren einst auch Anbaugebiet für Reis, der bis heute als absolute Delikatesse gilt. Ebenso wie die Aale, die traditionell für die Festa Sant Antoni am 16. Januar zubereitet werden.

Landschaftliches Highlight im Nordosten Mallorcas ist das 1700 ha große Feuchtgebiet Albufera in dem Städtedreieck Alcúdia–Muro–Sa Pobla, Mallorcas größter Naturpark. Der Name leitet sich vom arabische Wort *al-buhayra* (Lagune) ab. Das Sumpfgebiet ist durch eine 8 km lange, 250 m breite Sandbank vom Meer getrennt und wird von verschiedenen Torrentes, nur im Winter führenden Wasserläufen, ständig mit Süßwasser gespeist. Ein Ausflug zur Albufera ist ein Ausflug in die Stille.

Trockenlegung und Nutzung

Schon im 17. Jh. waren Kanalisierungsarbeiten im Gange. Damals legte man von Kanälen umgebene Parzellen, sogenannte ›Marjals‹, zur landwirtschaftlichen Nutzung an. Heute ist der Hauptkanal 2,4 km lang und an manchen Stellen bis zu 550 m breit. Dazu gibt es kleinere Wasserläufe mit einer Gesamtlänge von gut 10 km.

Das **Museum Can Bateman** ist nach dem Engländer John Frederic Bateman (1810–1904) benannt, der um die Mitte des 18. Jh. maßgeblich an der Trockenlegung des ursprünglich weit größeren Sumpfgebietes beteiligt war. Gemeinsam mit zwei Partnern gründete er 1862 die ›New Majorca Land Company‹, der – aufgrund eines ein Jahr später gewährten königlichen Privilegs – die alleinige Nutzung der Albufera zugestanden wurde.

Bateman lebte teils in London, teils in Sa Pobla. 1886 überschrieb er seine

Firma seinem Sohn, Luis Latrobe Bateman. Der fühlte sich mehr noch als sein Vater mit Mallorca verbunden. 1896 schenkte er – in Absprache mit seinem Vater – große Teile des trockengelegten und landwirtschaftlich nutzbaren Gebietes der Insel Mallorca. Can Bateman selbst wurde zunächst an die Familie Torellá verkauft, die dort eine Papierfabrik errichtete, die bis zur Mitte des 19. Jh. in Betrieb war. Um Bebauung zu verhindern, erwarb die balearische Landesregierung das Gelände 1988 und erklärte es zum Naturpark.

Das Museum

Das Museum steht unter dem Motto »Aigua – Aucells i Homs« (Wasser, Vögel und der Mensch). Eine audiovisuelle Show gibt einen Gesamtüberblick. Darüber hinaus informieren acht illuminierte Schauwände über Details. Die Texte sind durch unterschiedliche Knöpfe in Catalán, Englisch, Französisch und Deutsch abzufragen.

Die Vögel

Das Feuchtgebiet ist ein Dorado für Ornithologen. Rund 200 Vogelarten gibt es hier. Im Winter 2009/2010 wurden mehr als 17 000 Exemplare gezählt. Rekordzahlen werden immer dann erreicht, wenn die Winter in Nord- und Mitteleuropa sehr kalt sind.

Stockenten, Blässhuhn, Zwergtaucher und Stelzenläufer brüten hier. Zum Überwintern kommen noch Kormorane, Graureiher, Krick-, Löffel- und Tafelenten und Nilgänse hinzu. Als Durchgangsstation im Frühjahr und Herbst nutzen Flamingos und Nachtreiher, Strandläufer, Regenpfeifer und immer seltener auch Störche die Albufera.

Der Reis

Preisgünstig ist der *Arroz bomba* aus der Albufera nicht. Dafür, so sagen die Händler im Mercado Olivar von Palma, ist er aber auch sehr ergiebig: »Und es gibt keinen besseren Reis für die Paella als diesen.«

Der Vorteil des *Arroz bomba* ist, dass er sich beim Kochen extrem ausdehnt: auf etwa das Vierfache seines ursprünglichen Volumens. Dadurch kann dieser Reis viel Gewürz und Geschmack annehmen, gleichzeitig aber bleiben die fast runden Reiskörner erhalten und werden niemals pappig. Dafür wird der Reis im Verhältnis eins zu drei mit heißer Flüssigkeit vermengt; er muss nur köcheln und dann, wenn die Flüssigkeit aufgesogen ist, noch knapp zehn Minuten ziehen. Die Garzeit ist etwas länger als bei anderen Reissorten.

Übrigens: Im Mercat Olivar an der Plaça Olivar in Palma gibt es einen Stand, der *Arroz bomba* führt (1,45 € für 250 g oder 5,30 € pro kg). Sonst ist er nur in ausgesuchten Delikatessenläden zu bekommen.

Die Aale

Einst konnten die Fischer der Albufera buchstäblich tonnenweise Aale an Land ziehen, mussten ihren Fisch sogar exportieren. Heutzutage sind die Fangerträge gering, denn die Aale mögen das geklärte Wasser nicht, das von den Hotels um Alcúdia oder Can Picafort in die Albufera geleitet wird.

Es sind überwiegend Pensionäre, die sich dem Aal-Fang widmen: Leute, die die nötige Zeit haben, denn Aale sind Nachttiere, die das Tageslicht meiden. So simpel die Fangmethoden, etwa mit *la cucada* (ein Rohr mit Wurmköder) oder *els morenells* (eine Art Reuse), so raffiniert die Küchenkunst in Sachen *anguila*.

Gerichte mit Aal

Aale gelten auf Mallorca als ganz besondere Delikatesse. Man isst sie im Januar zur Festa Sant Antoni. Am liebsten als *espinagada*, einen ölhaltigen Blechkuchen mit Gemüsen und Gewürzen, der mit 10 cm langen Aal-Stücken geschmückt ist. Dann wird alles im Ofen gegart. Die besten *espinagadas* werden in Sa Pobla und Umgebung zubereitet. In manchen Jahren schreiben die Restaurants von Sa Pobla rund um die Festa de Sant Antoni einen ›Aal-Wettbewerb‹ aus. Probieren können Sie ihn aber auch in Alcúdia.

Eine andere Art, Aal zu essen, besteht aus zwei sich ergänzenden Gängen: *fideus* und *greixonera* genannt. Man benötigt Lauch, Tomaten, Petersilie und Knoblauch, gut gewürfelt, sowie in 5 cm lange Stücke geschnittenen Aal, dazu Salz, Pfeffer und Öl. Alles kommt zusammen aufs Feuer, und wenn der Aal gar ist, hebt man die Stücke aus dem Sud, in den man die *fideus,* die Nudeln, gibt. Das ist der erste Gang. Ihm folgt der zweite, die *greixonera,* die Tonschale, in der die Stücke vom Aal duften. Die meisten Mallorquiner trinken Bier dazu.

So kommen Sie hin

Zum Eingang kommen Sie per Auto von der Straße C-712, Port Alcúdia–Artà, hinter dem Pont dels Angleses. Zu Fuß oder per Farrad gibt es auch im Westen bei Sa Pobla eine Möglichkeit, in den Park zu gelangen.

Info und Öffnungszeiten

Tel. 971 89 22 50, www.mallorcaweb. net/salbufera, tgl. im Sommer 9–18, im Winter 9–17 Uhr, Eintritt frei.

Unterwegs im Park

Am besten erkundet man den Park mit dem **Fahrrad** (Motorfahrzeuge sind ohnehin verboten) – zu leihen z. B. direkt am Eingang oder in Alcúdia, s. S. 76. Durch den Park führen diverse Routen für Radfahrer (insgesamt 30 km). Es gibt Stege und immer wieder Aussichtsstationen und Beobachtungshütten. Ferngläser zur Beobachtung der Vogelwelt können Sie ebenfalls ausleihen.

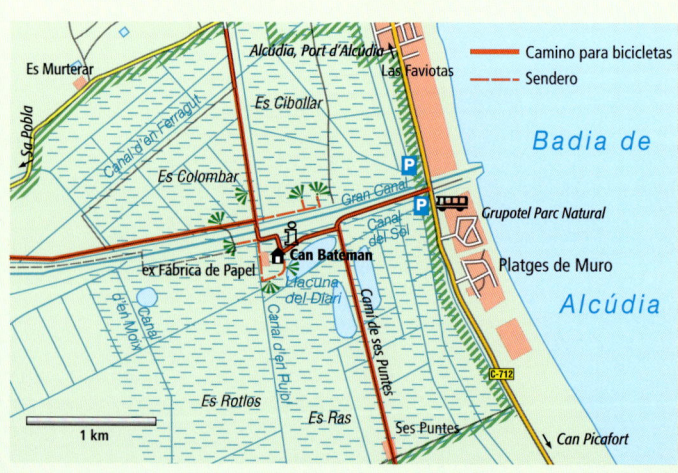

Artà ► J 3/4

Schon von Weitem ist sie sichtbar, die wehrhafte Festung hoch über dem Ort, `direkt 10` ► S. 82.

Nur wenig südlich von Artà liegt die bedeutende prähistorische Siedlung **Ses Paises** (► J 4) mit **Talayots** aus der Bronzezeit; Sommer Mo–Sa 9.30–13, 16–19.30, Winter Mo–Fr 10–13, 14–17 Uhr, 2 €.

Übernachten

Edel – **Sant Salvador:** Castellet 7, Tel. 971 82 95 55, www.santsalvador.com, DZ 250 €, Suiten 200–280 €. 8 individuell und komfortabel eingerichtete Zimmer in einem Stadtpalast mit Jugendstiltouch. Hier finden in unregelmäßigen Abständen Ausstellungen und Jazzkonzerte statt. Zwei sehr gute Restaurants.

Essen und Trinken

Fein und kreativ – **Gaudí** und **Zezo:** im Hotel Sant Salvador (s. o.), Mi–Mo 13–15.30 und 19–22 Uhr. Gleich zwei gute Restaurants im Hotel: Gaudí bietet Fusion Cuisine und Hauptgerichte für 17–22 €, Zezo gehobenen Gourmetgenuss mit Menüs für 80–140 €. Oder à la carte: Milchlammrücken auf grüner Polenta 26 €.

Hübsche Umgebung – **S'Abeurador:** Abeurador 21, Tel. 971 83 52 30, Do–Di ab 19.30 Uhr, Hauptgericht ca. 18 €. Das Ambiente ist schön, die Gerichte sind schmackhaft.

Edel mallorquinisch – **Es Serral:** am Fußballstadion in Richtung Kläranlage, dann dem Schild nach links ins Tal folgen, Tel. 971 83 53 36, April–Nov. Di–So, Hauptgerichte ab 18 €. Mallorquinische Küche, darunter Klassiker wie Lammbraten und Rebhuhn, einmal

Eine wildromantische, ländliche Idylle umgibt Artà

edel! Serviert wird sie auf der Terrasse eines alten Landguts.

Einkaufen
Der Carrer Major ist zur Fußgängerzone umgewandelt worden. Hier liegen einige nette Geschäfte für Kunsthandwerk.

Sport und Aktivitäten
Golfen – **Golfclub Canyamel:** Crta. De ses Coves–Capdepera, Tel. 971 84 13 13, www.canyamelgolf.com, 18-Loch-Platz, 6115 m, Par 73.
FKK – Son Serra de Marina (▶ H 3; Gemeinde Santa Margalida), Sa Canova (direkt daneben), Arenal de Sa Mesquida (in der südlichen Dünenlandschaft), www.platgesdebalears.com.

Infos
Oficina de Turisme: Av. Costa i Llobera, Tel. 971 83 89 81.

In der Umgebung
Parc Natural de la Peninsula de Llevant: ▶ H–K 2–4, nördlich von Artà, Ma-3333, Abzweig Km 4,7, Tel. 971 17 68 00, Büro Artà: s'Estel 2, Tel. 971 83 68 28. Der 1700 ha große Naturpark umfasst auch zwei Meeresreservate und wurde 2001 zum Schutzgebiet erklärt. Am Eingang sind diverse Routen ausgeschildert. Unterkunft in der Wanderhütte s'Arenalet: DZ 50 €, Viererzimmer 60 €, Reservierung Tel. 971 82 97 86. Auf Wunsch Transport von Essen und Trinken mit Geländewagen.
Jardí de Dones: ▶ H 3, Finca Ca Na Nofreta, Ctra. Artà–Can Picafort (Ma-12), Camí de la Carossa, Km 17,7, Tel. 608 32 35 11. Ein Skulpturen- und Kunstgarten, der in 19 Stationen die Geschichte mallorquinischer Frauen erzählt. Besichtigung oder Führung nach telefonischer Anmeldung, im Juli und August geschl.

Ermita de Betlem: ▶ J 3, nördlich von Artà, Ma-3333. Beim Gebäude der Caja de Ahorros im Carrer Rafael Blanes (Ma-3333) finden Sie den Hinweis ›Ermita de Betlem 8,9 km‹. Hinter dem Gehöft Can Morey Vell biegen Sie rechts, hinter der Kapelle links ab und fahren bergauf zum Pass zwischen dem Puig de Sa Font Cruita und dem Puig de Sa Palmera. Um das Jahr 1800 wurde die Einsiedelei gestiftet, die später zum Wallfahrtsort wurde. In der Pilgerherberge leben die Mönche der Kongregation von San Pablo und San Antonio. Die ersten Einsiedler hatten damals noch in einem Stall genächtigt. Aus diesen Zeiten stammt der Namenszusatz Betlem, Bethlehem.

Am Gartentor sollten Sie parken und dem Hinweisschild ›Fuente‹ – Quelle – folgen. Zehn Minuten dauert der Weg durch die Birkenallee, vorbei an Feldern, an Mäuerchen und einem uralten Olivenbaum. Links Durchblick zum Meer. Neben der Quelle findet sich eine Felsgrotte mit einer Madonnenfigur.

Dann geht es zurück zum Klostergarten und durch eine Kiefernallee zur Vorhalle der Kirche. In der Kuppel des sonst sehr schlichten Kirchenraumes ist eine sehr farbige Freskendarstellungen der Krönung Marias zu sehen, beim Hauptaltar eine Marmorgruppe der Geburt Christi des katalanischen Bildhauers Adrian Ferràn.

Hinter der Kirche finden Sie einen weiteren Wegweiser: ›Mirador‹. Folgen Sie dem Fußpfad durch ein Gatter. Von der ersten Anhöhe bietet sich bereits der Blick über die Bucht von Alcúdia bis zur Halbinsel mit dem Atalaya de Alcúdia und nach Nordosten zum Kap Farrutx mit dem Atalaya de Morey. Weiter links den Berg hinauf erreichen Sie den alten Wachturm. Hier erweitert sich der Blick und reicht von Colònia de Sant Pere bis nach Alcúdia.

10 | Burgen und Kastelle – Artà und Capdepera

Karte: ▶ J/K 3/4 | **Detailkarte:** S. 84

Piraten aus dem östlichen Mittelmeer waren von jeher eine ernste Bedrohung für die Bewohner von Mallorca. Man hatte sich darauf eingerichtet und zahlreiche Befestigungsanlagen gebaut. Noch heute ranken sich Legenden um diese unruhigen Zeiten. Wenn die alten Steine erzählen könnten …

Der militärische Glaube an den Sinn und Zweck von Festungen hatte in vergangenen Jahrhunderten durchaus realistische Grundlagen. Wer Festungen besaß, war in der Lage zu herrschen. Mit Festungen leistete man oft erfolgreichen Widerstand gegen Feinde, die es darauf anlegten, die Herrschaft über Land und Leute an sich zu reißen. Burgen sind Ausdruck von politischer und wirtschaftlicher Macht.

Die Burgen der Insel spielten eine nicht zu unterschätzende Rolle bei der Rückeroberung Mallorcas von den Arabern zu Beginn des 13. Jh. Die christlichen Aragonesen taten sich schwer, die Trutzburgen zu knacken. Alle Festungen haben eine lange Geschichte. So sind die Burgen der Insel ein wichtiger Teil der Historie, ein Stück Kulturgut.

Artà

Artà war schon immer eine blühende Stadt. Mit Sicherheit in den Jahrhunderten arabischer Herrschaft. Aus dem arabischen Namen *jartan* oder *gertan* (Garten) wurde dann Artà. Ringsum lag die fruchtbare Huerta, die arabischen Felder und Gärten rund um den Fuß des Hügels.

Speck lockt Mäuse. So blieb es nicht aus, dass Artà ein bevorzugtes Ziel seeräuberischer Überfälle wurde, was wiederum zur Folge hatte, dass die Stadt mit einer mächtigen Mauer geschützt, mit Wach- und Wehrtürmen versehen wurde. Selbst die Bürgerhäuser, nicht

nur das königliche Schloss von Jaume I., wurden wehrhaft ausgebaut. Über den wuchtigen Häuserfronten, den standhaften Rundbogentürmen und trutzigen Wappenschildern an dicken Mauern ranken inzwischen aber bunte Blumengehänge – Artà ist ein friedlicher Ort.

Über der Stadt, auf einer monumentalen Terrasse, steht die alte Wehrkirche, die heutige Pfarrkirche **Transfiguració del Senyor** – Verklärung des Herrn. Ein Zeugnis für die Gefahr, in der sich Mallorca und Artà über Jahrhunderte befanden.

Hier stand vordem die Moschee. Hinter der Kirche führen, flankiert von Zypressen, 180 Stufen hinauf zum Kalvarienberg mit der Wallfahrtskirche **Sant Salvador.** In ihrem Inneren dokumentieren zwei Gemälde mallorquinische Geschichte: Die »Übergabe Mallorcas durch den arabischen Gouverneur an König Jaume I.« und »Die Steinigung des Ramón Llull in Algerien«. Welche Verbindung mag zwischen den beiden bestehen? Wenn überhaupt, vielleicht diese: Christen besiegten Muselmanen und unterjochten sie, sofern sie sie nicht ausrotteten. Ramón Llull wiederum lernte ihre Sprache, um sie in Liebe zu bekehren. Er wurde von ihnen gesteinigt.

Der Blick von der Kirchenterrasse und den Wehrmauern des Kastells ist wahrlich bemerkenswert: Hinter dem vierschrötigen Wehrturm Torre Canyamel funkelt das Meer. Artà ist eine schöne Stadt.

Burg von Capdepera

Die **Burg** von Capdepera, oberhalb des Ortes gelegen, ist im Jahr 1337 zum ersten Mal schriftlich erwähnt; wenige Jahre zuvor war sie auf Anordnung des mallorquinischen Königs Jaume II. erbaut worden – auf arabischen Grundmauern. Das älteste Gebäude der Festung ist der Turm von Miquel Nunis, in einer Höhe von 160 m gelegen. Damit war man in der Lage, das flache Land in weitem Umkeis zu überblicken. Der Turm ist heute das Zentrum der Festungsanlage.

1231, als die Festung noch lange nicht ihr heutiges Erscheinungsbild hatte, logierte König Jaume I. hier zum ersten Mal. Und von hier schickte er Gesandte nach Menorca, um die Kapitulation der dortigen arabischen Herrscher einzufordern.

Es gibt keine genauen Daten über den Baubeginn der Anlage. Doch man kann mit ziemlicher Sicherheit davon ausgehen, dass die Burg im Jahr 1386 fertiggestellt war. Innerhalb der Ummauerung befanden sich ursprünglich zunächst 59 Häuser, deren Zahl später auf 150 erweitert wurde. Es handelte sich um so etwas wie ›sozialen Wohnungsbau‹. Alle Häuser hatten die gleiche Wohnfläche von 15 m², die Bewohner arbeiteten in der Textilherstellung oder fertigten Produkte aus Palmwedeln. Einige ältere Bewohner des Dorfes führen diese Tradition bis heute fort.

Anfang des 14. Jh. begannen auch die Bauarbeiten für das **Bethaus des hl. Petrus.** Das Kirchlein wurde immer wieder umgebaut und restauriert, in den Jahren 1572 und 1590, später 1702. Hier wurde vor allem die Madonnenfigur ›La Esperança‹ verehrt.

Die gesamte Anlage umfasst vier Wachtürme. Zwischen den beiden ersten befindet sich das Eingangstor des Königs Jaume, das vermutlich erst 1418 erbaut wurde und dessen Namensgebung unklar ist. Der König war zur Bauzeit schon lange tot.

Der österreichische Erzherzog Ludwig Salvator (s. S. 56), der das Tor zu seiner Zeit noch zugemauert fand, geht in seinem Buch »Ausflug und Wachtür-

Übrigens: Jedes Jahr Mitte Mai findet im Castell de Capdepera ein **mittelalterlicher Markt** statt – Musik mit alten Instrumenten, Kostüme, Kunsthandwerk und die traditionelle Gastronomie des Ortes spielen dabei die Hauptrolle.

me Mallorcas« davon aus, dass dem Volksglauben nach der Eroberkönig Jaume an dieser Stelle das spätere Kastell betreten haben soll.

In der Mitte der Anlage lag das **Haus des Gouverneurs,** das in seiner heutigen Form gegen Ende des 17. Jh. erbaut wurde.

Ein königliches Dekret von 1856 erklärt, »die Burg müsse von nun an nicht mehr der Verteidigung dienen«. Man versteigerte das Kastell öffentlich: Burgruine im Sonderangebot. Zwei Bürger von Capdepera, Josep Quint und Joan Antoni Fuster, kauften sie. Im Jahr 1983 übernahm die Gemeinde von Capdepera die Festung. Seitdem wurde sie fachmännisch restauriert und unter Denkmalschutz gestellt.

Das Wunder von Sa Boira

Als die Bewohner von Capdepera wieder einmal einen Angriff von Piraten fürchten mussten, stellten sie die Madonnenfigur kurzerhand auf den Wachturm ›Sa Boira‹. Während sie um ihre Rettung beteten, ließ die Madonna über dem Meer Nebel aufziehen. So dicht, dass die Piraten alsbald wieder kehrtmachten. Ganz ohne Schlachtgetümmel. ›Es miracle de Sa Boira‹ ist seither Stadtlegende.

Öffnungszeiten

Burg und Wehrkirche von Artà: beide ganzjährig zugänglich.
Burg von Capdepera: Im Sommer tgl. 9–20, im Winter bis 17 Uhr, 2 €. Der Eintritt wird zum Erhalt der Burg verwendet.

Traditionelles Handwerk

Auf dem Kirchvorplatz in Artà sitzen manchmal Frauen, die auf traditionelle Weise Körbe aus den Zweigen der Zwergpalme flechten. Diese Palmenart wächst auf den Hügeln rund um das Städtchen.

Capdepera ► K 3

Eine mächtige **Burg** aus alter Zeit thront über dem kleinen Ort, der vor einigen Jahrhunderten von großer strategischer Bedeutung war. Der Festungsbau war nur eine von etlichen solcher Anlagen, die Mallorca vor Invasoren schützen sollten, s. S. 82.

Im nahen Küstenort **Cala Ratjada** (► K 3) lohnt der Besuch der **Villa Sa Torre Cega**, die oberhalb des Fischerhafens auf dem Hügel liegt. Der Bankier, Sammler und Mäzen Juan March ließ sich hier in exquisiter Lage diese wunderschöne Prunkvilla bauen. Im 6 ha großen Garten wurde ein sehenswertes Freilichtmuseum mit Skulpturen moderner Künstler eingerichtet. In der Villa finden im Juli/August musikalische Sommerserenaden statt. Anmeldung und Info unter Tel. 971 56 30 33, Führungen auch auf Deutsch.

Übernachten
Bürgerlich – **Hotel Bella Playa:** Av. Cala Guya 125, Cala Ratjada, Tel. 971 56 30 50, www.bellaplaya.com, DZ 80–130 €. 430 Betten. Familienhotel in unmittelbarer Strandnähe.
Praktisch – **Inshotel Cala Ratjada:** Esperanza 16, Tel. 971 56 55 51, commercial@inshotel.com, DZ 140–170 € (Halbpension). Modernes Familienhotel, guter Service.
Orientalisch – **Lago Garden:** Av. Bon Passeig s/n, Tel. 971 56 36 16. www.lagogarden.com, DZ ab 190 €. Suiten für 2–4 Personen. In einem großen Park liegt dieses architektonische Monstrum, das aber durch sein hervorragendes Wellnessangebot besticht.

Essen und Trinken
Nobel – **Ses Rotges:** Rafael Blanes 21, Cala Ratjada, Tel. 971 56 31 08, Mo–Sa, Degustationsmenüs 64–85 €, Gerichte auch à la carte. Renommiertes Feinschmeckerrestaurant. Küchenchef Gérard Tétard zelebriert die gute traditionelle Küche, verfeinert mit einer deutlichen französischen Note, unter Verwendung bester Zutaten. Gut sortierter Weinkeller.
Italien pur – **Mama Pizza:** Av. America 6, Tel. 971 56 37 40, www.mamapizza.com, tgl. 12–24 Uhr. Pizza und Pasta in großer Auswahl ab 8,50 €.

Ausgehen
In **Cala Ratjada** gibt es Kneipen, Bars und Pubs für jeden Geschmack. Im Sommer Ballermann-Atmosphäre.

Sport und Aktivitäten
Viel besucht ist der breite Strand in der **Cala Agulla** (► K 3). In der **Cala de sa Font** (► K 4) finden Sie einen sanft abfallenden Sandstrand.
Golfen – **Golf Capdepera:** Crta. Cala Ratjada–Artà, Km 3,5, Tel. 971 81 85 00, www.golfcapdepera.com. 18-Loch-Platz, 6284 m, Par 72. Im Clubhaus bietet das Restaurant Roca Viva auch für Nichtgolfer gute Küche.
Pula Golf: Ctra. Son Servera–Capdepera, Km 3, Tel. 971 81 70 34, www.pulagolf.com. 18-Loch-Platz, 6010 m, Par 71.
Wassersport – Breites Angebot an beiden Stränden, u. a. Wasserski, Tauchen, Segeln.
Tauchen – **Tauchschule Mero:** Cala Lliteres, Tel./Fax 971 56 54 67.
Jachthafen – **Puerto Deportivo Cala Ratjada:** Explanada del Port, Tel. 971 56 40 19. 125 Liegeplätze.

Infos und Termine
Oficina de Turisme: Plaça dels Pins, Cala Ratjada, Tel. 971 56 30 33.
Musikfestival von Capdepera: im Sept., www.sabinegrofmeier.de, Tel. 616 32 89 32.

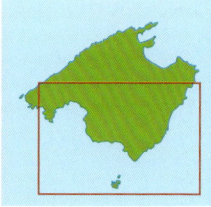

Sant Llorenç/ Cala Millor ▶ J/K 4/5

Einer der Urlaubsorte per se mit langem Sandstrand, vielen Ferienhotels aller Kategorien und mit Sportmöglichkeiten wie Tennis, Tretbootfahren und sehr viel Unterhaltung.

Infos und Termine
Oficina de Turisme: Parc de la Mar 2, Tel. 971 58 54 09.
Touristenwoche: Fest Anfang Sept. mit Musik, Tanz und Sportevents.

Porto Cristo ▶ J 5

Besucher kommen vor allem wegen der **Höhlen** hierher, **direkt 11▶** S. 88.
 Zwischen Porto Cristo und S'Illot liegt die idyllische **Cala Morlanda** (▶ J 5) nahe dem gleichnamigen Ort. Vom Südwesten des Dorfs führt ein schmaler Pfad zur Bucht; dort gibt es weder Bar noch Restaurant.

Übernachten
Gemütlich – **Landhotel Ses Rotetes:** Ctra. Porto Cristo–Portocolom, Km 13,9, Tel. 971 71 71 22, info@davimar. com, DZ 85 €. Ländlich wohnen, nur 1 km vom Meer entfernt. 3 DZ, 2 Apartments für bis zu 6 Personen.

Infos
Oficina de Turisme: Gual 31 A, Tel. 971 82 09 31.

Portocolom ▶ H/J 6/7

Ein kleiner Hafen mit historischen Anlegestellen für Fischerboote, ein winzig kleiner, intakter Altstadtkern – das sind die Attraktionen von Portocolom, dem Hafen von Felanitx (s. S. 107). In den vergangenen Jahren hat sich Portocolom zum Gourmet-Treff gemausert – selbst aus Palma kommt man hierher, um gut zu essen.

Übernachten
Ländlich – **Hotel Rural Son Mas:** Ctra. Porto Cristo–Portocolom, Km 4,5, Tel. 971 55 87 55, www.sonmas.com, DZ 207–290 €. Das Haus lebt von der Schönheit des alten Landgutes und der stilvollen, schlicht-eleganten Einrichtung. Das gilt für Zimmer und Aufenthaltsräume. Hallenbad und Fitnessraum. Abendessen auf Anfrage.
Familiär – **Hotel Finca S'Aigo:** S'Espinagar, Ctra. Porto Cristo–Portocolom, Km 2,4, Tel. 971 83 30 50, Fax 971 83 41 23, 150–200 €. Die ländliche Finca (6 Häuser mit 2 bis 7 Schlafzimmern) liegt inmitten von Mandelplantagen. Zu allen – praktisch eingerichteten – Häusern gehört ein eigenes Schwimmbad. Besonders geeignet für Familien mit Kindern.

Essen und Trinken
Feinste Mittelmeerküche – **Colón:** Cristobal Colón 7, Tel. 971 83 47 83, www.restaurante-colon.com, März– Dez. tgl. 11–23.30 Uhr.   ▷ S. 89

11 | Stalaktiten und Stalagmiten – die Höhlen der Ostküste

Karte: ▶ J 5 und K 4 | **Detailkarte:** S. 88

**»Hohl ist Mallorca, hohl euer Glaube, hohl eure Moral!«
Fanatisch heizte Sant Vicenç (1346–1419) die Sündenangst der Mallorquiner an: »Denn wie ein Seidentuch ist der Boden, auf dem ihr steht. Er wird zerbrechen unter der Last eurer Laster und die Hölle wird sich auftun.«**

Coves del Drac – wo die Drachen wohnen

Die Hölle, die der Inquisitionsanwalt beschwor, waren die seit dem Altertum bekannten Coves del Drac, in denen der Sage nach Ungeheuer hausten, Drachen, Teufel. Alte Legenden raunten von wundervollen Palästen, deren Gewölbe auf kostbaren Säulen ruhten, berichteten von Lustgemächern, wo sich Teufels- und Hexenvolk zu orgiastischen Festen versammelte.

Auch andere Deutungen gibt es: Der ›Drac‹, ein Fabeltier mit Schlangenkörper und Fledermausflügeln, ist in der mittelalterlichen Sagenwelt Mallorcas der Hüter eines Schatzes.

Die Drachenhöhlen müssen schon in antiken Zeiten genutzt worden sein. Archäologische Forschungen belegen, dass die ›Coves‹ Römern und Arabern bei Bedrohung Zuflucht boten. Im 15. und 16. Jh. flüchteten die Mallorquiner bei Piratenüberfällen in die Höhlen.

Hölle oder Schatzhöhle, die Coves del Drac wurden erforscht. Der deutsche Höhlenforscher M. F. Will zeichnete 1880 die erste Karte der Drachenhöhle. Sie gibt auch die Lage des unterirdischen Sees an, der erst 16 Jahre später ›entdeckt‹ wurde. Kannte der Entdecker, der Franzose Edward Alfred Martel, Wills Karte? Er fand den See, überquerte ihn 1896 und führte präzise Messungen durch. Der See trägt den Namen seines Entdeckers: Lago Martel. Die Kosten für die Expedition übernahm Erzherzog Ludwig Salvator.

Die Ost- und Südküste

In seinen Erinnerungen schreibt Martel: »Ich kenne keinen größeren unterirdischen See als diesen. Er ist 177 Meter lang, misst durchschnittlich 30 Meter in der Breite; seine Tiefe variiert zwischen fünf und acht Metern und erreicht acht Meter am tiefsten Punkt. Im klaren Salzwasser (!) erkennt man überall riesige Felsblöcke, die sich aus dem Gewölbe gelöst haben und dort tiefe Löcher hinterließen. Das Gewölbe ist nur sechs bis acht Meter hoch, aber es wirkt besonders schön, da man so Tausende oder genauer gesagt Millionen von feinen Stalaktiten viel besser bewundern kann, die in Gruppen eng zusammenstehen, gleich diamantenen Tränen aus den Felsspalten.«

1921 kaufte die Familie Juan Servera Camps Gelände, Finca und Höhle. Juan Servera hatte einen Riecher für touristische Bedürfnisse, war Mitbegründer des mallorquinischen Fremdenverkehrsverbandes. Er begann, Wege und Stege, Treppen und Brücken zu bauen, um es Besuchern so bequem wie möglich zu machen, aber zugleich einen Hauch von Abenteuer zu bewahren. 1929 wurden die Höhlen beleuchtet, 1937 wurden sie als Ausflugsziel eingeweiht.1970 entstand die Brücke über den See. Höhepunkt für den Besucher ist das Konzert auf der ›Bühne‹ des Sees – kitschig, schmalzig, aber unverzichtbar.

Coves dels Hams

Die Coves dels Hams wurden 1906 entdeckt. Ihren Namen haben sie vom katalanischen Wort *ham* (Haken) nach den hakenförmigen Stalagmiten. Es gibt es einen unterirdischen See (Mar de Venecia), der mit dem Meer verbunden ist. Höhepunkt der Besichtigung ist die virtuelle Show ›Abenteuer des Jules Verne‹.

Coves de Artà

Die Coves de Artà sind die größten Höhlen der Insel. Sie sind bunt ausgeleuchtet, doch haben sie ein Manko: Die Wände sind von Fackeln und Feuer früherer Bewohner schwarz, sodass das Farbspiel der Stalagtiten und Stalagmiten kaum zum Tragen kommt.

Infos

Coves del Drac: Ctra. Cuevas s/n, Porto Cristo, Tel. 971 82 07 53, www.cuevasdeldrach.com, Führungen im Sommer 7 x tgl. 10, 11, 12, 14, 15, 16 und 17 Uhr, im Winter 3 x tgl. 10.45, 12.15, 15.30 Uhr. 11,50 €. Filmen und Fotografieren ist untersagt.

Coves dels Hams: Ctra. Manacor–Portocristo s/n, Porto Cristo, Tel. 971 82 09 88, www.cuevas-hams.com, im Sommer tgl. 10–18 Uhr, alle 20 Min. Führungen mit Konzert, im Winter tgl. 10–17 Uhr, 19 €.

Coves de Artà: Ctra. de las Cuevas s/n, Capdepera, Tel. 971 84 12 93, www.cuevasdearta.com, im Sommer 10–18, im Winter 10–17 Uhr, 10 €.

Eine der besten Gourmet-Adressen mit Terrasse zum Hafen: Dieter Sögner, der schon mit Alfons Schuhbeck und im Münchner Tantris kochte, bietet innovative Mittelmeerküche mit österreichischem Einschlag: von feinsten Fischgerichten (je nach Marktlage 22–30 €) bis zu Tafelspitz. Abendmenü 100 €. Hervorragender Service, Bar mit Club-Ambiente. Kleinere Mittagskarte.

Bodenständig – **Sa Sinia:** Pescadores, Tel. 971 82 43 23, Di–So 13–15, 20–24 Uhr. Fisch, wie er sein muss, frisch, gut zubereitet, auf den Punkt gebracht. Fragen Sie nach dem Tagesangebot. Hauptgerichte ab 11 €.

Tapas und mehr – **Florian:** Cristóbal Colón 11, Tel. 971 82 41 71, Jan.–Nov., tgl. 12–16, 19–23 Uhr. Seeteufel mit Langostinos 18 €. Das Ambiente: ein bisschen kitschig, ein bisschen elegant. Das Gourmetangebot reicht von Tapas (schon ab 11 Uhr, 3,50–5 €) bis zu Mittelmeergerichten, die von neuer deutscher und klassischer französischer Küche beeinflusst sind.

Sport und Aktivitäten

Tauchen – **Tauchschule** im Hostal Bahia Azul, Av. Crucero Balear, Tel. 971 82 52 52, www.bahia-azul.de.

Strand – Die nahe **Cala Marçal** (▶ J 7) hat einen kleinen Badestrand.

Infos

Oficina de Turisme: Av. Cala Marçal 14, Tel. 971 82 60 84.

Cala d'Or ▶ H 7

Ein Ort wie auf Ibiza. Hier sind die Häuser weiß gestrichen, denn hier wirkte vor mehr als fünfzig Jahren der Architekt Joan Costa, der sich auf der Nachbarinsel seine Sporen verdiente. Große Hotelkomplexe gibt es nicht, die Bebauung ist flach und harmonisch in die Landschaft eingefügt. Cala d'Or zählt zu den Nobelorten auf Mallorca. Viele Bars und Shops beleben die große Fußgängerzone. Im August kann es allerdings sehr voll werden.

Ein beschaulicher Hafenort mit Feinschmeckerambitionen – Portocolom

Buchten und Strände in der Umgebung

Ein Highlight ist die **Marina Port Cari** in der Cala Llonga (► H 7) mit Läden, Cafés und Restaurants. Die **Cala Sa Nau** (► H 7) nordöstlich von Cala d'Or hat einen kleinen Sandstrand. Von dort führt ein 2 km langer Kiesweg zur wunderschönen **Cala Mitjana** (► H 7).

Übernachten

Mediterran – **Hotel Cala d'Or:** Av. Belgica 49, Tel. 971 65 72 49, www.hotelcalador.com, 120 Betten, DZ 140–180 €. Die Inhaber des Traditionshotels im Ibiza-Stil kümmern sich persönlich um das Wohl der Gäste.

Essen und Trinken

Lauschig – **Es Clos:** am Ortsausgang von S'Alqueria Blanca (► H 7) Richtung Santanyí, Convent 17, Tel. 971 65 34 04, www.es-clos.es, Mo–Sa 19–24 Uhr. Hauptgerichte ab 10 €, Lamm mit Bärlauch-Gnocchi 20 €. Hervorragende Nouvelle Cuisine in einem Bauernhaus mit wunderschönem Garten.

Nobel-Italiener – **La Cascina:** Calonge (► H 7), Cala Llonga 27, Tel. 971 16 71 52, im Sommer tgl. geöffnet, im Winter (meist) geschlossen. Wechselnde Pastagerichte ab 13 €. Der beste Italiener im weiten Umkreis.

Ausgehen

Szenetreffpunkte sind die Bars und Discos um den alten Jachthafen der Marina Cala d'Or.

Sport und Aktivitäten

Baden – Fünf kleine **Buchten** mit glasklarem Wasser; nur kleine Sandstrände, aber schön zum **Schnorcheln**.

Golf – **Vall d'Or**, Ctra. Portocolom–Cala d'Or, Km 7,7, Tel. 971 83 70 01, www.valldorgolf.com, 18-Loch-Platz, 5799 m, Par 71.

Infos und Termine

Oficina de Turisme: Av. Perico Pomar 10, Tel. 971 65 74 63.
Festa de la Mare de Déu del Carme: 16. Juli. Fest mit wunderschöner Schiffsprozession.

Colònia de Sant Jordi
► F 8

Der Hafen dieses Städtchens, das sich von einer Fischersiedlung zum Ferienort mauserte, ist kreisrund. Touristen kommen nur im Sommer. In der Nähe liegt Europas größter botanischer Garten, **direkt 12|** ▶ S. 91.

Übernachten

Nobles Bauernhaus – **Finca Hotel Rural Es Turó:** Ses Salines, Camí de Casperet, Tel. 971 64 95 31, www.esturo.com. Sehr nobles Landhotel mit 10 Juniorsuiten in restaurierten Gebäuden, 110–180 €. 9 km vom Strand Des Trenç entfernt. Hervorragendes Restaurant.

Essen und Trinken

Fangfrisch – **Marisol:** gegenüber der Hafenmole, Tel. 971 65 50 70, April–Okt. tgl. 11–15, 19–23 Uhr. Preise nach Marktlage, ca. 20 €. Das Marisol ist berühmt für frischen Fisch und Schalentiere, die auf der schönen Terrasse serviert werden.

Sport und Aktivitäten

Strand und Radeln – Colònia de Sant Jordi steht für Strandurlaub und Radeln. Der Radweg ›**Ruta dels Molins de Campos**‹ (15 km) ist ausgeschildert.
Fahrradverleih – Gibt es fast überall, online www.teamdoublej.com.

Infos

Oficina de Turisme: Doctor Barraquer 5, Tel. 971 65 60 73. ▷ S. 94

12 | Stachelige Gesellen – im Botanicactus

Karte: ▶ G 7 | **Detailkarte:** S. 93

Dass irgendetwas immer blüht – dafür hat Jean Maccario schon bei der Bepflanzung seines botanischen Gartens gesorgt. Doch am schönsten ist es in ›Botanicactus‹ ab April und Mai bis weit in den Sommer hinein. Dann betören rund 8000 Exemplare aus vielen Ländern durch einen Rausch von Farbe.

Nur ein paar Zahlen

Europas größter botanischer Garten liegt auf dem Gelände der Finca Camp de Sa Creu bei Ses Salines. ›Botanicactus‹ erstreckt sich über insgesamt 15 ha Fläche mit ca. 1600 Pflanzenarten, einem See von 1 ha Fläche, einem 0,5 ha großen Feuchtgarten und einem Kakteengarten von 4 ha.

Schwieriger Anfang

Im Juni 1989 wurde der Garten eröffnet. Nur wenige Monate später, als im September des selben Jahres vor allem der Südosten Mallorcas von einem heftigen Unwetter und schweren Überschwemmungen heimgesucht wurden, schien das Pflanzenwunder zunächst einmal wieder zunichte gemacht. Die Niederschläge hatten die mühsam aufgeschüttete Erde schlicht fortgeschwemmt, die Pflanzen, die noch lange nicht alle so richtig Wurzeln geschlagen hatten, schwammen gleich mit davon oder vermoderten im Sumpf. Was übrig blieb, schlug der Hagel kurz und klein.

Zunächst wollte Jean Maccario aufgeben. Dann begann er noch einmal ganz von vorn. Er pflanzte wieder: »Ich bin eben gartenverrückt«, sagte Jean Maccario.

Inzwischen ist der Park wieder ein wahres Prachtstück. Nur eine rote Markierung an der Eingangsmauer erinnert heute noch an die Überschwemmungskatastrophe.

Inselflora

›Botanicactus‹ ist in drei verschiedene Sektoren aufgeteilt. Da gibt es zunächst eine repräsentative Sammlung von Mallorca-Flora: Oliven- und Granatapfelbäume, Mandelbäume und Zypressen, mehrere Zitrusarten, Johannisbrot- und Eukalyptusbäume. Dazu viele Geranienarten, Margeriten aller Art, Rosen und Wandelröschen, ein ganzer Hain von Oleander.

Vom Frühjahr bis zum Herbst ist dieser Teil ein wahres Blütenwunder. Es duftet nach Jasmin, Lauben spenden Schatten, Vögel zwitschern – Rotkehlchen, Meisen, viele Schnäpperarten, Grasmücken, Ammern, Braunellen, Zeisige und Hänflinge.

Auf dem See und an seinen Ufern leben ein paar Enten, ab und zu hoppelt ein Kaninchen vorbei. Vermutlich nicht immer zur Freude der fünf Gärtner von ›Botanicactus‹. Die Idylle ist perfekt.

Übrigens: Wenn Sie Gartenfreund sind, sollten sie sich vor allem im Frühjahr Zeit nehmen, um die vorgestellte Pflanzenwelt zu erkunden. Jean Maccario, der Französisch und Englisch spricht, sowie seine Gärtner geben gerne auch Auskunft.

Die Palmen

Rund um den See und an seinen Ufern sind Palmen angepflanzt: Sowohl die auf Mallorca endemische Zwergpalme, die einzige Palmenart, die auf der Insel zu Hause ist, als auch Dattelpalmen und etliche andere Arten.

Dazu die unterschiedlichsten Rohrgewächse. In jedem Frühsommer hört man jenes typische Geräusch, das der Wind in den Palmzweigen und dem Schilf produziert. Der Dichter Kurt Tucholsky sprach von »klistern«.

Kakteen und Sukkulenten

Der wichtigste und beeindruckendste Teil von ›Botanicactus‹ ist der sogenannte Kakteengarten, in dem allerdings nicht nur Kakteen, sondern auch viele andere wasserspeichernde Pflanzen zu finden sind.

Die Herkunft der verschiedenen Sukkulenten, der unterschiedlichen Sorten von Drachenbäumen, Aloen, Agaven, Opuntien, Euphorbien ist ganz und gar unterschiedlich. Sie stammen aus Südafrika, aus den asiatischen Tropen, aus Mexiko, von den Kanarischen Inseln oder aus anderen lateinamerikanischen Ländern.

Goldkugelkaktus oder auch – mit viel Spott – Schwiegermutterstuhl nennt man den Echinocactus. Der meist kugelrunde Kaktus der Art *Echinocactus grusonii* hat leuchtend grüne Sprossen mit stark kantigen Rippen. Die gelben Areolen bilden goldgelbe Stacheln. Der Echinokaktus, der ursprünglich aus dem Südwesten der Vereinigten Staaten und aus Mexiko stammt, wächst so langsam, dass er ungeduldige Gärtner zur Verzweiflung bringen kann.

Im ›Botanicactus‹ gibt es eine beachtliche Sammlung unterschiedlicher Größen. Dazu noch Echinocereen und Pachycereen, die erst in hohem Alter blühen, Cephalocereen, auch Greisenhaupt genannt, außerdem verschiedene Arten des Cleistokaktus oder des Ferokaktus mit seinen gekrümmten, eindrucksvollen Stacheln.

Agaven

Eine der bekanntesten Sukkulentenpflanzen ist die Agave. Die amerikanische Agave ist in ihrer mexikanischen Heimat ein wahrer Pflanzenriese. Sie treibt nach sieben bis acht Jahren einen oft meterhohen Blütenkandelaber. Im Mittelmeerraum braucht sie dazu

etwa zehn bis fünfzehn Jahre. Nach dem Blühen stirbt die Pflanze bis auf den unterirdischen Teil des Stammes ab, vermehrt sich aber reichlich durch Ableger.

Spanische Seeleute brachten Anfang des 16. Jh. die Agave aus der ›Neuen Welt‹ nach Europa. In der Folge wurde sie vor allem im Mittelmeerraum heimisch. Es gibt insgesamt rund 200 Agaven-Arten, sehr viele davon sind hier vertreten.

Euphorbien

Euphorbien nennt man auch Wolfsmilchgewächse. Die rund 2000 Arten können sehr unterschiedlich sein. In ›Botanicactus‹ gibt es vor allem wasserspeichernde, baumförmige Arten wie die *Euphorbia canariensis* oder *Euphorbia candelarium*. Andere wie die *Euphorbia obesa* sehen aus wie unscheinbare Steine von heller grünlich-grauer Farbe.

Opuntien

Im ›Botanicactus‹ gibt es etwa vierzig verschiedene Opuntienarten, die durch ihre unterschiedliche Bestachelung, aber auch durch ihre unterschiedlich gefärbten Früchte bestechen. Diese Früchte bleiben, wenn sie nicht geerntet werden, oft den ganzen Winter über an der Pflanze und bringen auch dann noch Farbe ins Bild.

Opuntien sollte man niemals mit der bloßen Hand anfassen, denn ihre Stacheln haben wirklich bösartige Widerhaken.

Nicht nur schön stachelig, sondern auch schön bunt – Kaktus in der Blüte

Infos

Botanicactus: Ctra. Ses Salines–Santanyí, Km 1, Ses Salines, Tel. 971 64 94 94, www.botanicactus.com, Nov.–Febr. 10.30–16.30, März 9–18.30, April und Okt. 9–19, Mai–Sept. 9–19.30 Uhr, 7 €.

Wenn der kleine Hunger kommt

Eine kleine **Bar** im Park bietet unter anderem belegte Brötchen an. Aber auch diverse Erfrischungen wie Getränke und Eis sind hier zu bekommen.

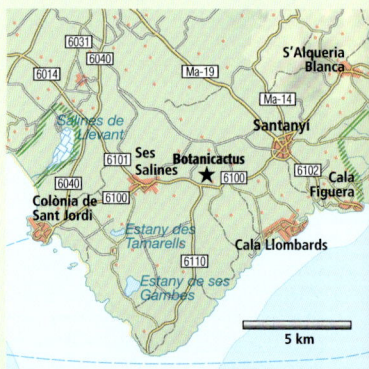

In der Umgebung

Die weite Dünenlandschaft und die dahinterliegenden Salinen stehen unter Naturschutz. Hier nisten viele Vogelarten. Der Strand von **Des Trenc** (▶ F 7) muss im Sommer bis zu 5000 Besucher am Tag verkraften – ein Geheimtipp, der gut gehandelt wurde (über die Zufahrt zu den Salinen zu erreichen, Parken 8 €). Bei den Bunkern aus dem Zweiten Weltkrieg ist FKK möglich.

Vor der Küste liegt die Insel **Cabrera, direkt 13▶** S. 95.

Die **Banys de Sant Joan** (▶ F 7) zwischen Campos und Colònia de Sant Jordi, Tel. 971 65 50 16, www.balnea riofontsanta.com, sind die einzigen Thermalquellen der Insel. Hier können Arthritis, Gicht und Rheuma behandelt werden. Das Spa wurde kürzlich ausgebaut. Es gibt ein kleines Kurhotel.

Portals Nous/ Porto Portals ▶ C 5

Hierher kommen Mallorquiner und Urlauber zum ›Schiffegucken‹ und wegen des guten Essens.

Übernachten

Einfach nur schön – **Hotel Bendinat:** Andres Feret Sobral 1, Tel. 971 67 57 25, www.hotelbendinat.es, DZ 190– 360 €. Im mallorquinischen Stil erbautes Hotel mit viel Flair. Ruhig und malerisch, direkt am Meer gelegen. Im Restaurant über den Felsen kann man sehr gut essen.

Mehr als Luxus – **The St. Regis Mardavall Mallorca:** Costa d'en Blanes (aber fast zu Portals Nous gehörig), Passeig Calviá s/n, Tel. 971 62 96 29, www.starwoodhotels.com. 133 DZ und Suiten, DZ ab 380 €, Suiten ab 510 €. Wer Luxus liebt, kann sich hier den ultimativen Kick holen: Kein Zimmer ist kleiner als 60 m², alle sind mit edelsten Hölzern ausgestattet. ▷ S. 97

Dünen, Sand und das Meer – Des Trenc ist kein Geheimtipp mehr, lohnt aber immer noch

13 | Gefangeneninsel und Naturparadies – Cabrera

Karte: ▶ A 7/8 | **Detailkarte:** S. 96

Hier liegen Schönheit der Natur und Gräuel der Menschheit nebeneinander. Die Insel Cabrera und die umliegenden Gewässer sind Meeresnationalpark und bieten landschaftlich mit das Schönste, was Mallorca zu bieten hat. Anfang des 19. Jahrhunderts gingen hier Tausende von französischen Soldaten elend zugrunde. Heute erinnert man sich wieder an sie.

Es kann schon einmal sein, dass man Delfine sieht. Seesterne gehören auf Cabrera sowieso zum normalen Bild. Es gibt rund ein Dutzend Eidechsenarten, die nur auf den Cabrera-Inseln zu finden sind. Fischadler und viele Möwenarten sowie Turm- und Wanderfalken finden geschützte Nistplätze auf den Inseln.

Die Vegetation besteht aus Pflanzen, die sich an die wasserarme Umwelt anpassen konnten. Alles in allem haben sich Flora und Fauna seit 1991, seit Cabrera zum Nationalpark erklärt wurde, prächtig entwickeln können.

Cabrera mit der Insel Conejera und fünfzehn kleineren Inseln hat eine Ausdehnung von gut 10 000 ha, davon sind 8 700 ha Meeresfläche. Der kleine Archipel wurde nach der Hauptinsel benannt.

Gegen Piraten und Freibeuter

Auf Cabrera gibt es kein Dorf, nur eine Handvoll Häuser, meist ehemalige Militärbaracken. Von 1916 bis 1991 dienten die Inseln der spanischen Armee als Manövergebiet. Die auf Mallorca stationierten Artillerie-Einheiten erprobten hier ihre Geschütze.

Die Festung auf der Hauptinsel wurde einst von den mallorquinischen Inselgouverneuren erbaut, als Bollwerk und Schutz gegen Piraten und Freibeuter. Die Festung wurde mehrmals zerstört, doch immer wieder aufgebaut.

Die Tragödie der Franzosen

Ein trauriges Kapitel Geschichte ereignete sich hier zwischen 1808 und 1813. Französische Soldaten, die in den napoleonischen Kriegen 1808 in der Schlacht von Bailén in spanische Gefangenschaft gerieten, wurden nach Cabrera deportiert. Es gab kein Trinkwasser, die Versorgungsschiffe blieben aus. Im Laufe der Jahre verhungerten die Gefangenen schlicht. 6000 von 9000 starben.

Museu Etnográfico

Heute erinnern ein Denkmal und ein Teil des Museums an die Leiden der Franzosen. Doch das Museum, untergebracht in einer ehemaligen Bodega, erläutert auch die Beziehungen zwischen den Menschen und der Inselgruppe, gibt Aufschluss über Fauna und Flora. Dem Museum angegliedert ist ein kleiner botanischer Garten.

Wanderungen im Inselinneren

Es gibt insgesamt sechs ausgeschilderte und auf Wunsch begleitete Wanderungen auf der Insel, die längste (knapp 2 Std.) führt zum Leuchtturm. Andere folgen der Küste zur ehemaligen Festung oder den Ausgrabungsstätten Pla de ses Figueres.

Die Blaue Grotte

Nur über das Meer erreichbar ist die ›Cova Blava‹, eine Höhle, in der das Licht im Wasser reflektiert. Die Fähr- und Ausflugsboote legen hier bei gutem Wetter einen Stopp ein.

Infos

Besucherzentrum: Colònia de Sant Jordi, Gabriel Roca 20, Tel. 971 656 282.

Fähren und Ausflugsboote

Fährboote ab Colònia de Sant Jordi, Tel. 971 64 90 34, von Ostern bis Ende Okt., je nach Saison 35–45 €, Kinder 3–10 J. 18–23 €. Abfahrt um 9.30, Rückkehr um 16.30 Uhr. Reservierung erforderlich.

Marcabrera: Colònia de Sant Jordi, Gabriel Roca 20, Tel. 622 574 806, www.marcabrera.com. Touren zur Insel im Speedboot mehrmals tgl., 2 Std., 38 €, Kinder 6–12 J. 30 €.

Mit dem eigenen Boot zur Insel

Wer mit einem eigenen oder gemieteten Boot kommen möchte, muss vorher eine **Genehmigung** der Parkverwaltung einholen: Tel. 971 72 50 10, www.marm.es (Menüpunkt ›Red de Parques Nacionales‹, dann ›Archipiélago de Cabrera‹ und ›Guía del Visitante‹). Im Juli/Aug. eine Nacht, im Juni und Sept. zwei Nächte, sonst sind bis zu sieben Nächte möglich. Erlaubt sind allerdings maximal 50 Boote pro Nacht.

Karte der Insel Cabrera mit: I. Pobre, I. Foradada, I. Plana, Mar Mediterrània, Parc Nacional Marítimoterrestre de l'Arxipèlag de Cabrera, I. dels Conills, Cap des Morobutí, I. Redona, Cova del Amich, Cova Blava, Es Port, Es Castell, Cap Ventós, Cabrera, Cova des Mastral, Mònument dels Francesos, Punta de n'Ensiola, Cap des Falcó, I. de Cabrera, 4 km

Mit feinsten Stoffen, Marmorbädern, ISDN-Anschluss. Man kann Butler, Babysitter und Sekretärin buchen. Attraktiver Wellnessbereich, Ernährungsberatung, Prominentenfriseur Udo Walz.

Essen und Trinken

Gourmetadresse – **Tristan:** Porto Portals, Local 1, Tel. 971 67 55 47, Jan.–Okt., im Sommer tgl. ab 20 Uhr, Menü 145–179 €. 8-gängiges Tapas-Menü 170 €. Tagsüber bietet das angegliederte Bistro preisgünstige Menüs. Das Tristan ist Mallorcas Renommier-Restaurant. Ein Michelin-Stern. Gerhard Schwaiger, Schüler von Winkler und Witzigmann, zählt man zu den zehn besten Köchen Spaniens. Das Ambiente ist cool und edel, auf der Terrasse sehr geschäftig durch die unmittelbare Nähe zur Hafenpromenade.

Weitere gute, ähnliche Restaurants entlang der Hafenpromenade sind **Flanigan's**, Tel. 971 67 91 91, Sommer tgl. 13–24 Uhr, **Tahini**, Tel. 971 67 60 25, Mo–Do 13–15.30 und 19.30–23, Fr und Sa 19.30–23.30 Uhr, und **Bismarque**, Tel. 971 72 25, Sommer tgl. mittags und abends, im Winter unregelmäßige Öffnungszeiten.

Einkaufen

Wer sich hier einkleidet, braucht eine goldene Kreditkarte – mindestens.

Ausgehen

Im Sommer geht hier in Bars, Discos und Pubs die Post ab. Man gibt sich smart. Was ›in‹ ist, wechselt monatlich. Einfach schauen, was einem gefällt.

Sport und Aktivitäten

Motorradverleih – **Harley Tours:** Alemania 1, Tel. 971 67 74 57 und 609 60 66 49. Verleih von Harleys und anderen schweren Motorrädern.

Baden – Kleiner, feinsandiger Strand.

Golf – **Real Golf de Bendinat:** Ctra. Calvià–Bendinat, Urbanisation Bendinat, Campomar s/n, Tel. 971 40 52 00, www.bendinat.com. 18 Loch, Par 70.

Vogel- und Freizeitpark – Marineland (▶ C 5): Ctra. Palma–Portals Nous, www.marineland.es, Tel. 971 67 51 25, tgl. 9.30–18 Uhr, Mitte Febr.–Okt., 22,50 €, Kinder bis 12 J. 16,50 €. Hier gibt es Delfine, Seelöwen und viele exotische Vögel. Marineland hat sich auch durch seine meeresbiologische Station einen Namen gemacht und führt außerdem eine Tierauffangstation.

Palmanova/Magaluf

▶ B/C 5/6

Die beiden Ferienorte sind die Hochburgen des britischen Tourismus – wie die Platja de Palma, nur eben englisch.

Übernachten

Komfortabel – **Hotel Son Caliu:** Urb. Son Caliu, Tel. 971 68 22 00, www.soncaliu.com, 450 Betten, DZ 80–210 €. Das Haus wird sehr persönlich geführt und hat viele Stammgäste. Kleiner Strand und schöner Garten. Mit Schönheitsfarm und Wellnessbereich.

Wunderbar altmodisch – **Hotel Punta Negra:** Ctra. Andratx, Km 12, Tel. 971 68 07 62, www.h10.es, DZ 159–239 €. Sehr schönes Hotel mit 120 Betten, etwas außerhalb an zwei kleinen, intimen Buchten gelegen. Sehr komfortabel ausgestattete Zimmer. Schönheitsfarm und beliebtes Kongresshotel.

Essen und Trinken

In Palmanova und Magaluf gibt es eine große Zahl von Snackbars aller Art.

Ausgehen

Britisch geprägt, im Sommer auch von Spaniern besucht. Es ist laut und leb-

haft. Einen etwas zweifelhaften Ruf hat die Amüsiermeile **Carrer Punta Ballena**.

Megadisco – **BCM Planet Dance:** Av. Solivelles, im Sommer tgl. ab 23 Uhr. Die Disco ist eine der größten Europas, entsprechend Aufwendiges wird geboten: Laseranlage, Special Effects, Digital-Video-System. Hier legen allabendlich die weltbesten DJs auf. Wöchentlich finden Miss-Wahlen statt. Am Wochenende zieht es Mallorquiner aus allen Teilen der Insel hierher.

Sport und Aktivitäten

Baden – Beide Orte haben jeweils einen langen Strand mit sehr feinem Sand. In regelmäßigen Abständen stehen Duschen und Toiletten. Magaluf hat außerdem eine schöne palmenbestandene Strandpromenade. Vom nahe gelegenen Strand von **Cala Vinyas** (▶ B 6) bieten sich Spaziergänge am Strand und in die Wälder an.

Golfen – **Golf de Poniente:** Magaluf, Ctra. Cala Figuera, Tel. 971 13 01 48, www.ponientegolf.com. 18-Loch-Platz, 6430 m, Par 72.

Wassersport – Das Angebot ist groß und bietet für jeden Geschmack etwas.

Wasser- und Vergnügungsparks – **Aqualand:** Ctra. Magaluf/Cala Figuera, www.aqualand.es, Tel. 971 13 08 11, Mai–Okt. tgl. 10–18 Uhr, 24 €, Kinder 16 €. Wenn man einmal nicht an den Strand will: Freizeitspaß für Groß und Klein mit Swimmingpools und Wasserrutschen.

Western Water Park: Ctra. Cala Figuera, Sa Porrassa 12–22, Tel. 971 12 12 03, www.westernpark.com, Mitte Mai–Mitte Sept. tgl. 10–17, Juli und Aug. bis 18 Uhr, 24 €, Kinder 16 €. Ein Vergnügungspark mit Indianerdörfern und Cowboy-Shows, dazu etliche halsbrecherische Wasserrutschen und viel, viel Unterhaltung.

Infos

Oficina de Turisme Magaluf: Av. Magaluf, Tel. 971 13 11 26.
Oficina de Turisme Palmanova: Passeig de la Mar, Tel. 971 68 23 65.

Santa Ponça ▶ B 5/6

Der Ferienort Santa Ponça ist bei Briten und Deutschen gleichermaßen beliebt, im August gesellen sich noch Spanier dazu.

Ein Steinkreuz am Jachthafen erinnert an die Landung König Jaumes I. am 12. Sept. 1229 und den Sieg über die Araber. Die Insel wurde spanisch. Jedes Jahr findet hier aus diesem Anlass eine Gedenkzeremonie statt.

Von der Straße in Richtung El Toro hat man einen schönen Blick auf die vorgelagerten Inseln **des Conils** und **Malgrats** (▶ B 6).

Ausgehen

Die Pubs und Bars sind teils deutsch, teils britisch angehaucht. Leider weiß man nie, was im kommenden Sommer noch auf hat oder neu eröffnet wird. Schlendern, testen und bleiben, wo es gefällt.

Sport und Aktivitäten

Strände – Die beiden großen Sandstrände sind recht überlaufen. In der **Cala d'en Monjo** in unmittelbarer Nähe von Cala Fornells ist FKK möglich.

Golfen – **Golf Santa Ponça I:** Urb. Santa Ponça, Tel. 971 69 02 11, 18-Loch-Platz, 6520 m, Par 72.

Golf Santa Ponça II und **Golf Santa Ponca III:** Tel. s. Golf Santa Ponca I, www.habitatgolf.es, nur für Mitglieder.

Infos

Oficina de Turisme: Puig de Galatzó s/n, Tel. 971 69 17 12.

Ein Traum in Türkis und Blau – Cala Fornells bei Peguera

Peguera ► B 5

Peguera ist der Ort der deutschen Urlauber, entstanden mit dem Tourismusboom der 1960er-Jahre. Im Winter
kommen viele Wanderer, denn man
kann direkt vom Ortskern in die Berge.

Übernachten

Die Auswahl der **Unterkünfte** reicht
von der einfachen Pension bis zum guten Komforthotel.

Solide – **Cala Fornells Hotel:** Ctra.
Cala Fornells, 76, Tel. 971 68 69 50,
www.calafornells.com. DZ 92–180 €.
Renoviertes Traditionshotel mit 94 komfortablen Zimmern auf einer Landzunge
gelegen, 1 km von Peguera. Kleiner
Strand direkt vor der Tür. .

Essen und Trinken

Bewährt – **La Gran Tortuga:** Cala
Fornells, Tel. 971 68 60 23, Feb.–Nov.,
Di–So 12–15.30 und 19.30–23 Uhr,
Lammkarrée 22 €. Restaurant mit Aus-
blick, seit Jahren beliebt bei Urlaubern
und Residenten. Guter Service.

Einkaufen

Inzwischen regiert hier überwiegend
Schund, der nicht lohnt. Es gibt aber
auch einige Boutiquen, die allerdings
nicht mehr preiswert sind.

Ausgehen

Im Sommer im Ortskern Discos und
Pubs am laufenden Band, darunter etli-
che auch für ›ältere Semester‹ geeignet.
Am Wochenende oft Livemusik.

Ungewohnte Klänge – **Harry's Bar:**
Dragonera 2, Di–So ab 20 Uhr. Jazz und
Blues live.

Sport und Aktivitäten

Strände – Die drei Strände **Es Torá**,
Platja Romana und **Palmira** sind kin-
der- und familienfreundlich.

Wandern – Wanderwege gibt es ins
nahe gelegene **Cala Fornells** oder in
Richtung **Capdellà** sowie in die umliegenden Berge.

Infos

Oficina de Turisme: Sebelli 5, Tel. 971
68 70 83.

Das Landesinnere – Es Pla

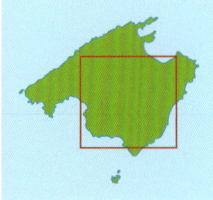

Inca ▶ F 3

Inca ist das Zentrum der Lederwaren-
industrie. Berühmt sind der Markt am
Donnerstag, der schon seit 700 Jahren
stattfindet, und die zahlreichen Keller-
kneipen.

Sehenswert ist der Ortskern mit der
Kirche **Santa Maria Major** (13. Jh.),
erbaut auf den Grundmauern einer Moschee. Schön ist der quadratische Glockenturm. Kirche und Kirchplatz wurden liebevoll restauriert.

Essen und Trinken
Berühmt – **Celler Can Amer:** Pau 39,
Tel. 971 50 12 61, Mo–Sa 19.30–
23.30 Uhr, Milchlamm gefüllt mit Sobrassada (s. S. 17) 14 €. Antónia Cantal-
lops ist bekannt für ihre historische Re-
zeptsammlung. Die Küche zeichnet sich
durch ungewöhnliche Kombinationen
aus, wie sie früher auf Mallorca üblich
waren. Die Weinkarte umfasst stolze
180 Weine.
Urig – **Celler Can Ripoll:** Jaume Ar-
mengol 4, Tel. 971 50 00 24, Mo–Sa
13–16 und 20–23 Uhr, im Winter
Mo–Fr, Sopes Mallorquines 6 €. Kräfti-
ge, deftige, qualitativ gute Küche.

Einkaufen
Souvenirmarkt – Jeden Donnerstag ist
Markt für Souvenirs und jede Menge
Schnickschnack.
Schuhe – Im **Poligono Industrial**, Tel.
971 88 82 33, liegt der Camper-Outlet-
Shop für preiswerte Schuhe.

Stoffe vom Feinsten – **Casa Floren-
cio:** Major 10.
Schinken und Würste – **Ca'n Rosselló**: Commerç, Tel. 971 50 01 48.
Leder – In den zahllosen Lederfabriken
zahlen Sie selten weniger als im Laden.

Infos und Termine
Touristeninformation: im Rathaus,
Plaça Espanya 1.
Fira des dijous bó: Anfang Nov. Der
›fette Donnerstag‹ ist Mallorcas größte
Landwirtschaftsmesse und trotz der
Menschenmengen absolut sehenswert.

In der Umgebung
Auf dem Berg Puig d'Inca liegt die Einsiedelei **Ermita de Santa Magdalena**
(▶ F 3) mit einem Kirchlein, das dem hl.
Paulus und Antonius geweiht ist. Auch
ein gutes Restaurant mit mallorquinischer Küche gibt es hier, Mi–Mo.

Binibona (▶ F 3) besteht nur aus
wenigen Bauernhäusern, die zu Landhotels ausgebaut wurden, doch die Fahrt
dorthin bietet hübsche Impressionen.

Von Inca gelangt man über Selva
und Caimari zum **Kloster Lluc**, s. S.66.

Binissalem ▶ E 4

Das kleine Bauerndorf liegt mitten im
wichtigsten Weinbaugebiet der Insel.
Der alte Ortskern steht unter Denkmalschutz. Viele **Weingüter** in und um
Binissalem verlocken zur Weinprobe,
direkt 14 ▶ S. 102.

Übernachten

Very british, very good – **Scott's Hotel:** Plaça Iglesia 12, Tel. 971 87 01 00, www.scottshotel.com, 17 Zimmer und Suiten, DZ 175–330 €. Kleines, feines Stadthotel unter englischer Leitung, mit Liebe und viel Sinn für Komfort ausgestattet. Das Restaurant Scott's Bistro steht unter gleicher Leitung.

In der Umgebung

Ein wunderbarer Blick über die Ebene nach Palma bietet sich von der Burgruine des **Castell d'Alaró** (▶ E 3) auf dem gleichnamigen Berg. Der Legende nach haben Cabrit und Bassa, die dem mallorquinischen König Jaume II. im 14. Jh. gegen Alfonso III. von Aragón die Treue hielten, das Kastell als letzte Bastion verteidigt. Auf zwei Ebenen befindet sich je eine Gaststätte. Spezialität: Lammbraten. Feste Öffnungszeiten gibt es nicht. Die Zufahrt zum Kastell zweigt von der PM-210 in Richtung Orient beim Hinweisschild ›Es Pouet‹ ab. Nach etwa 4 km ist ein Parkplatz erreicht, danach geht es noch einmal 45 Min. zu Fuß hinauf.

Sineu ▶ F 4

Fast schon so groß wie eine Kleinstadt und berühmt wegen seines **Marktes** ist Sineu, das zeitweilig auch Residenz der mallorquinischen Könige war. Der Ortskern hat mittelalterlichen Touch.

Die Pfarrkirche **Mare de Déu dels Àngels** (13–16. Jh) besitzt einen schönen Hauptaltar mit Marienfigur (um 1500). Der Glockenturm der Kirche steht frei. Davor befindet sich das Denkmal des Löwen von Sineu. Er ist das Emblem des Schutzheiligen der Stadt, des hl. Markus.

Übernachten

Mit Liebe geführt – **Hotel Leon:** dels Bous 129, Tel. 971 52 02 11, www.hotel-leondesineu.com, DZ 120–140 €. Kleines, feines Stadthotel mit 15 Betten im Zentrum. ▷ S. 105

Im Zentrum des mallorquinischen Weinbaugebiets liegt Binissalem

14 | Wein für die Welt – Bodegas in Binissalem

Karte: ▶ D/E 4 | **Detailkarte:** S. 104

Edle Tropfen aus mallorquinischen Trauben sind mittlerweile der Stolz der Winzer. Wein ist zum Exportgut geworden, seit professionelle Önologen in den Bodegas das Sagen haben, die Winzer ihre Rebstöcke hegen und pflegen. Einige Bodegas sind für Besucher offen.

Schon zu Römerzeiten

Wein gibt es auf Mallorca seit Römerzeiten. Sie hatten die Rebe aus Italien mitgebracht. Als die Araber nach Mallorca kamen, etwa 500 Jahre nachdem die Römer ausgewirtschaftet hatten, fanden sie immer noch Rebland vor. Sie kultivierten vor allem die Malvasiertraube, die heute wieder in Banyalbufar angebaut wird.

Mit dem Einzug der siegreichen Christen wurde das Weintrinken wieder gesellschaftsfähig. Wie sich der Weinanbau in den folgenden Jahrhunderten

entwickelte, ist nur zum Teil überliefert. Gewiss ist, dass es um 1850 etwa 30 000 ha Rebfläche auf Mallorca gab, die kultiviert wurde. Die Weine, die dabei herauskamen, sind allerdings nicht näher bezeichnet.

Dann kam zum Ende des Jahrhunderts die Reblaus nach Mallorca und vernichtete den gesamten Weinanbau auf der Insel. Man pflügte um und säte auf den besseren Böden Getreide, auf den schlechteren pflanzte man Mandelbäume. Nur in der Gegend von Binissalem unternahmen ein paar Weinbauern den Versuch des Neuanbaus mit kalifornischen Reben. Das glückte, aber bis heute wurde der Umfang der ehemaligen Fläche nicht mehr erreicht. Sie liegt heute bei 1600 ha.

Neue Wege im Weinanbau

Vorbei sind die Zeiten, als Mallorcas Weine – zu Recht – einen wahrlich schlechten Ruf hatten. Was ganz

schüchtern in den 1960er-Jahren begann, nahm in den 1990er-Jahren beachtlichen Aufschwung: Die Rückbesinnung auf die Tradition im Weinanbau, gekoppelt mit modernem Know-how. Immer mehr Winzer riefen professionelle Önologen nach Mallorca, die mallorquinischen Winzer selbst – oder noch häufiger die junge Generation der Erben – gingen nach Frankreich und nach Italien, um zu lernen. Sie nutzten nicht nur moderne Keltertechniken, sie bauten auch wieder die alten Traubensorten an, die lange Zeit in Vergessenheit geraten waren: Manto negro, Callet Ull de Llebre für die Roten, Moll, Premsal blanc für die Weißen, ohne dabei jedoch andere Sorten wie Cabernet Sauvignon, Syrah oder Merlot bzw. Parellada oder Chardonnay außen vor zu lassen.

Kleine, aber feine Produktion

Und die heute etwa 70 Winzer – 1995 gab es rund ein Dutzend Betriebe – setzten fortan auf Qualität. Weniger ist mehr, war die Devise, wenn auch die Produktionszahlen kontinuierlich steigen. Seit 2002 im Durchschnitt um 7 % im Vergleich zum jeweiligen Vorjahr. Die absoluten Zahlen sind allerdings immer noch gering: 2009 wurden etwa 3,5 Millionen Liter Wein verkauft. Das sind nur wenig mehr als 5000 Liter pro Bodega. Wobei zu bedenken ist, dass große Bodegas wie José L. Ferrer oder Macià Batle je etwa eine halbe Million Liter verkaufen.

Anbaugebiete

Hauptanbaugebiete sind heute längst nicht mehr nur die Regionen um Binissalem oder Santa María; auch in Felanitx, Petra, Algaida und Manacor werden hervorragende Weine produziert, zusammengeschlossen unter der Herkunftsbezeichnung ›Pla i Llevant‹.

Breite Preisspanne

Die Preise für Mallorca-Weine sind breit gefächert. Sie reichen von etwa 3 bis 6 € für einen schlichten Landwein bis zu etwa 150 € für ›Son Negra‹, produziert von An Negra Viticultores in Felanitx. Logisch, dass ein aufwendig produzierter Wein aus einer seltenen Rebsorte mehr kostet. Lang gereifte Weine kosten zwischen 8 und 20 €, im Premiumsegment 25 bis 35 €.

Festa des Vermar – Ein Fest zu Ehren des Weines

Ende September feiert Binissalem die neue Weinernte. Neun Tage lang. Mit Ausstellungen, Sport, Wettbewerben und natürlich Weinproben. Haupttag ist der letzte Sonntag im September, wenn der Most geweiht und der Madonna ›Mare de Déu de los Robines‹ dargebracht wird. Die größte Attraktion an diesem Tag ist das gemeinsame Essen *sopar al fresc.* Im Zentrum von Binissalem bauen die Bewohner lange Tische für Hunderte von hungrigen Mäulern auf und essen *al fresc,* im Freien. In allen Haushalten zubereitet und serviert werden *fideus de vermar,* ein Traditionsgericht aus Nudeln, Lamm- oder Kaninchenfleisch. Danach gibt es Tanz und Musik auf dem Kirchplatz.

Vom Familienbetrieb zur Großbodega – Macià Batle

In gut zehn Jahren hat Ramón Servalls, Gründer und Mitinhaber von Macià Batle, eines der erfolgreichsten Weingüter der Insel geschaffen. Mit moderner Technologie, aber mit Tradition, denn das Weingut besteht bereits seit 1856, und Ramón Servalls ist mit den ursprünglichen Gründern verwandt. Die neue Bodega wurde 1996 errichtet.

Angebaut werden auf 180 ha rund um Santa María heimische Sorten wie Manto Negro, Prensal und Callet sowie

französische Rebsorten wie Merlot und Syrah. Angeschlossene Vertragsweinbauern wirtschaften auf weiteren 80 ha. Sein Blanc de Blancs ist so gefragt, dass er kurz nach der Präsentation bereits ausverkauft ist. Ramón Servalls erhält eine Auszeichnung nach der anderen.

Auf der ›Berliner Wein Trophy‹ 2010 gab es dreimal Gold und einmal Silber.

Ramón Servalls und seine Mitarbeiter führen Besucher gerne durch das Weingut und geben Erläuterungen; regelmäßig werden bei Macià Batle Verkostungen durchgeführt.

Infos

Eine Tour zu Weingütern der ›Denominació d'origen Binissalem‹ könnte von **Santa Maria del Camí** (▶ D 4) über die Ma-3030/3040 nach **Santa Eugénia** (▶ E 4), von dort über die Ma-3020 nach **Sencelles** (▶ E 4), über den Camí de Biniagual nach **Binissalem** und dann über die Ma-13A zurück nach Santa Maria del Camí führen.

Die Weingüter

Bodegas Macià Batle [1]: Camí de Coanegra s/n, Santa Maria del Camí, Tel. 971 14 00 14, www.maciabatle. com, 15. Juni–14. Okt. Mo–Fr 9–19, sonst Mo–Fr 9–18.30, Sa 9.30–13 Uhr.

Jaume de Puntiró [2]: Plaça Nova 23, Santa Maria del Camí, www.vins jaumedepuntiro.com, Mo–Fr 9–18, Sa u. So. 9–13 Uhr.

Celler Sebastià Pastor [3]: Paborde Jaume 17, Santa Maria del Camí, Tel. 971 62 03 58, www.sebastiapastor. com, Di–Fr 8.30–14 und 16–20, Mo, Sa u. So 8.30–14 Uhr.

Vinya Taujana [4]: Blanquerna 40, Santa Eugénia, Tel. 971 14 44 94, vinyataujana@gamil.com, Di–Sa 9–13, 16–20, Sa, So 9–13 Uhr. Geführte Rundgänge aber nur nach Anmeldung.

Celler Can Ramis [5]: Sor Francinaina Cirer 14, Sencelles, Tel. 971 87 24 18 oder 675 72 18 50, Mo–Sa 10–20, So 10–14 Uhr.

Albaflor Vins Nadal [6]: Ramón Llull 2, Binissalem, Tel. 971 51 10 58, www. vinsnadal.com, Mo–Do 9–13 und 15–18, Fr 9–13 Uhr.

Bodegas Luís Ferrer [7]: Conquistador 103, Binissalem, Tel. 971 51 10 50, www.vinosferrer.com, Mo–Fr 9–19, Sa 10–14 Uhr.

Bodegas Antonio Nadal [8]: Finca Son Roig, Camí de Son Roig s/n, Binissalem, Tel. 639 66 09 45, www.bode gasantonionadal.es, Mo–Fr 9–13 und 15–18, Sa 9–13 Uhr.

Celler Tianna Negre [9]: Camí de Mitjans (Polígon 7, parcel.la 67), Binissalem, Tel. 971 88 68 26, www.tianna negre.com, Mo–Fr 9–14 Uhr.

Essen und Trinken

Viele kleine Restaurants im Ortskern servieren authentische mallorquinische Küche. Besonders am Markttag bekommt man in Sineu das beste *Frit mallorquí* der Insel, einen Eintopf aus Innereien, Gemüse und Kartoffeln.

Einkaufen

Jeden Mittwoch findet hier sehr früh am Morgen der älteste und wirklich sehenswerte **Viehmarkt** der Insel statt auf dem auch reichlich Souvenirs wie Strohhüte, Töpferwaren und viel Schnickschnack angeboten werden.
Dekoratives – **Antik & Deco:** Tavernes 1. Kleine Antiquitäten, mit Leidenschaft gesammelt.
Moderne Kunst – **Galerie S'Estació:** im alten Bahnhof von Sineu, Tel. 971 52 07 50, Mo–Fr 9.30–13.30, 16.30–19.30, Sa 9.30–13.30 Uhr. Galerie für moderne Malerei.

Petra ► G 4

Das kleine Landstädtchen hat viel Charme. Die rechtwinklig verlaufenden Straßen sind von Häusern aus goldbraunem Bruchstein gesäumt. Alles in allem wirkt Petra fern jeder Hektik. In der Umgebung wachsen die Trauben für einen sehr guten Weißwein.

An den in Petra geborenen Franziskanerpater Fra Juníper Serra erinnert das **Museu Juníper Serra**, Barraccar 28/Fray Juníper Serra, Tel. 971 56 10 28, kein Eintritt, Spende erbeten; an der Tür findet sich ein Hinweis, wo man den Schlüssel zum Museum abholen kann. Juníper Serra gründete Mitte des 18. Jh. in Kalifornien 21 Missionsstationen. Daraus gingen Städte wie San Francisco hervor. Sein Denkmal steht vor der Kirche auf der Plaça Sant Francesc.

Übernachten

Abgeschieden – **Landhotel Sa Rota d'en Palerm:** Ctra. Lloret–Montuiri, Lloret de Vistalegre, Tel. 971 52 11 01, www.sa-rota.com, DZ 130–160 €. Ruhe total in wunderschöner Landschaft. Komfortable Zimmer (z. T. mit Küche) und Abendessen auf Anfrage.

Essen und Trinken

Liebenswürdig, preiswert, gut – **Celler de Petra:** Hospital 46, Tel. 971 56 10 56, Mo geschl., Schweinelende mit Kohl 9,50 €. Herzhafte Hausmannskost in einem alten Keller.

Einkaufen

Wein – **Bodega Miquel Oliver:** Font 26, www.miqueloliver.com, Tel. 971 56 11 17. Hervorragende Weine, die schon vielfach ausgezeichnet wurden.

In der Umgebung

Nahe Petra liegt das **Kloster Bonany** (► G 5), die ›Kathedrale der Berge‹, so genannt wegen des pompösen Baustils. Der Ausblick über die Insel ist wunderbar. Einfache Pilgerherberge, Übernachtung 12 €, Tel. 971 82 65 68.

Besichtigen kann man auch das alte Landgut **Els Calderers** (► G 5) bei Sant Joan. Von Salons und Ankleidezimmern bis zu Vorratskammer und Weinkeller steht den Besuchern alles offen. Landgut-Herrlichkeit live! Kinder freuen sich über Pferde, Schafe und Hunde. Tel 971 52 60 69, www.elscalderers.com, tgl. 10-18, im Winter bis 17 Uhr, 8 €.

Porreres ► F/G 5/6

Der Marktflecken Porreres liegt inmitten eines Landwirtschaftsgebietes: ein behäbiges Dorf in ländlicher Ruhe. Auch hier wird Wein angebaut. Die Pfarrkirche **Mare de Déu de la Con-**

Urtümliche Klosteratmosphäre umweht das Santuari Monti.Sion bei Porreres

solació im Ort besitzt eine schöne Fensterrosette. Sie wurde 1277 geweiht, der heutige Bau stammt allerdings aus dem 17. Jh.

Zeitgenössische Kunst von einem privaten Sammler zeigt das kleine **Museu i Fons Artístic** an der Plaça Espanya 17 (Tel. 971 64 72 21, Di 10–13 Uhr).

Das nahe **Kloster Monti.Sion** (▶ F 6) mit seinem schönen Innenhof ist schon allein wegen der Aussicht den Ausflug wert. Man kann dort auch übernachten (Gruppen bis 22 Personen, 15–20 €, Tel. 971 64 71 85).

Übernachten

Wohlbehagen – **Hotel Rural Sa Bassa Rotja:** Camino Sa Pedrera s/n, Tel. 971 16 82 25, www.sabassarotja.com, 13 Zimmer, 12 Suiten, DZ 175–195 €, Suiten 210–250 €. Das Landhaus aus dem 13. Jh. bietet alles für einen erholsamen Urlaub im 21. Jh. Komfortabel ausgestattete Zimmer, großer Garten und viel Ruhe. Wellness und Ayurveda-Farm. Abendessen auf Anfrage.

Einkaufen

Wein vom Kenner – **Bodega Jaume Mesquida:** Carrer Vileta 7, Tel. 971 71 64 06, Mo–Fr 8–19, Sa/So 10–14 Uhr. Jaume Mesquida ist der Vater der mallorquinischen Wein-Renaissance.

Manacor ▶ H 5

Manacor ist eine Stadt, in der die Möbelherstellung Tradition hat, eine Stadt zudem, in der ›typisch spanische‹ Souvenirs gefertigt werden, die auch aufs Festland exportiert werden.

Auf den Fundamenten einer Moschee steht die Pfarrkirche **Dolores de Nostra Senyora** (15. Jh.) mit gotischem Turm. Innen bemerkenswert: die

sieben Spitzbögen mit skulptierten Schlusssteinen.

In der ›Torre de Enagistes‹ aus arabischer Zeit zeigt das **Museu d'Historia de Manacor** archäologische Funde und Mosaiken aus der frühchristlichen Basilika Son Peretó (Ctra. Calas de Mallorca, Km 1,5, Mo–So 10–14, 17–19.30 Uhr, Eintritt frei).

Übernachten

Wahrer Luxus – **Hotel La Reserva Rotana:** Camí de S'Avall, Km 3, Tel. 971 84 56 85, www.reservarotana.com, DZ 270–360 €, Suiten ab 450 €. Nobles Landhotel mit 9-Loch-Golfplatz und feinem Restaurant, das mediterrane Spezialitäten bietet. Rechtzeitig buchen!

Essen und Trinken

Bodenständig – **Can March:** Valencia 7, Tel. 971 55 00 02, Di–So mittags und abends, Tagesmenü mittags 9 €, Hauptgerichte ab 14 €. Leichte mallorquinische Küche in edlem Ambiente.

Einkaufen

Kunst und Kitsch – **Cerámicas y Decorativos:** Manacor Hauptstraße, Km 48, tgl. geöffnet. Hier gibt es Souvenirs aller Art. Lohnend: das inseltypische, braune Tongeschirr.

Alles aus Holz – **Oliv-art:** Manacor Hauptstraße, Km 47, tgl. geöffnet. Es ist erstaunlich, was man aus Olivenholz alles herstellen kann: Schüsseln, Schalen, Besteck, Platten oder einfach Nippes aller Art.

Perlen und Schmuck – **Perlas Majórica S.A.:** Vía Majórica s/n, tgl. 9–13, 14.30–19, Sa, So 10–13 Uhr (auch Besichtigung der Werkstätten möglich). Günstige Kunstperlen und Modeschmuck. Perlen aus Manacor werden aus natürlichen Materialien hergestellt und sind von echten Perlen kaum zu unterscheiden.

Gute Tropfen – **La Casa del Vino:** Avenida Salvador Juan 73, Tel. 971 55 51 65. Der Besitzer Norbert Deingruber hat profunde Kenntnisse in Sachen spanischer Wein.

Felanitx ▶ H 6

Felanitx ist wohlhabend und weltoffen (zumindest für mallorquinische Begriffe) und seit jeher Zentrum der Landwirtschaft. Davon zeugen die Reste der 25 Getreidewindmühlen. Noch heute werden hier Wein, Aprikosen und Orangen angebaut. Aus dem Jahr 1248 stammt das erste Dokument über die Pfarrkirche **Sant Miquel**, die heute durch eine große Freitreppe beeindruckt. Der Legende nach versiegt das Wasser des nahe gelegenen Margarethenbrunnens nie.

Übernachten

Tierisch musikalisch – **Landhotel Sa Posada d'Aumallia:** Camí Son Prohens 1027, Tel. 971 58 26 57, www.aumallia.com, 14 Zimmer, DZ 99–180 €. Pfauen und klassische Musik – dafür ist das luxuriöse Hotel und der einstige Herrensitz bekannt. Das Restaurant serviert mallorquinische Küche.

Essen und Trinken

Gemütlich – **Estragon:** Plaça Peralada 14, Tel. 971 58 33 03, Mi–So 13–15.30, 20–23 Uhr. Tagesmenü 10 €.

Einkaufen

Lokale Kunst – **La Candela:** Major 60. Heidi Zinnel bietet Kunst lokaler Maler und Bildhauer und viel liebenswürdige Dekoration.

Infos

www.ajfelanitx.net: Website der Gemeinde.

In der Umgebung

Nur 1,5 km außerhalb von Felanitx erreichen Sie den Klosterberg von **Sant Salvador** (▶ H 6). Hier lebten einst Mönche der Congregaciò Sant Antoni i Sant Pau. Heute ist das Kloster samt seiner Herberge (einfache Zellen, Tel. 971 82 72 82, 32 €) vor allem ein Ausflugsziel. Die Klosterkirche (1617) präsentiert sich als schmuckloser Bau mit Madonnenstatue des 13. Jh. und einem gotischen Retabel aus Alabaster von Guillem Sagrera (um 1553). Im Vorhof eine Darstellung des Abendmahls, eine Nachbildung des Reliefs am Mirador-Portal der Kathedrale von Palma. Über dem Portal zum Hof befindet sich ein wunderschönes Madonnenbild.

Auf dem Berg gegenüber liegt das **Castell de Santueri** (▶ H 6), heute nur noch eine Ruine, aber der Ausblick über die Ebene lohnt die Mühe des Aufstiegs. Den Schlüssel erhält man im Bauernhof kurz vor dem Eingang (Eintritt 3 €). Feste Öffnungszeiten gibt es nicht.

Llucmajor ▶ E 6

Die Bewohner des unscheinbaren Kleinstädtchens leben von der Landwirtschaft und der Schuhherstellung. Von historischer Bedeutung ist, dass hier 1349 mit der Schlacht gegen Aragón das mallorquinische Königreich endete. Ein Denkmal erinnert an dieses Ereignis.

Einkaufen

Scharfes für alles – **Cuchillería Ordinas:** Vall 128, Tel. 971 66 05 80. José Ordinas stellt Messer für Haushalt, Küche und Landwirtschaft her. Sie sind auf der ganzen Insel berühmt.

Sport und Aktivitäten

Strand – Direkt südlich liegt die landschaftlich recht schöne **Cala Pi** (▶ E 7)

mit ihrem Strand, die einen Abstecher lohnt.

Golfen – **Golfclub Son Antem I u. II:** Ctra. Palma–Llucmajor, Tel. 971 12 92 00, www.marriotthotels.com/pmigs, 18-Loch-Platz, 6317 m, Par 72.

In der Umgebung

Die Wehr-, Wohn- und Wachtürme der Talayot-Siedlung **Capocorb Vell** (▶ E 7, 12 km südwestlich von Llucmajor, Mi–Fr 10–17 Uhr, 3 €), bestehen aus riesigen Megalithquadern und stammen aus der Bronzezeit. Die Struktur der früheren Wohnhäuser ist noch gut zu erkennen.

Für Besucher sind vor allem der nahe Berg **Randa** und die dortigen **Klöster** von Interesse, direkt 15▶ S. 109.

Montuïri ▶ F 5

Ein Dorf mit viel Landwirtschaft, in dem wirklich gar nichts los ist. Doch bietet der Klosterberg **Sant Miquel** in unmittelbarer Dorfnähe einen schönen Ausblick. Sehenswert ist auch das **Museu Arqueològic de Son Fornés** (Molì d'en Fraret, Emili Pou, Di–So 10–14, 17–21 Uhr, 3,50 €), mit vorgeschichtlichen Ausgrabungen samt Computeranimation. ▷ S. 111

Mit der **Kulturfinca Son Bauló** (▶ F 4/5, Lloret de Vistalegre, Tel. 971 52 42 06, www.son-baulo.com, DZ 96 €) hat der Frankfurter Fotograf Will Kauffmann eine wahre Oase für genussvolle, erholsame Ferien geschaffen. Konzerte (Jazz und Klassik), Theater, Vorträge, Seminare, Workshops, Ausstellungen. Sein Hotel ist gemütlich, das Restaurant hervorragend.

15 | Drei Klöster auf einen Streich – der Berg Randa

Karte: ▶ F 5

Angeblich sieht man vom Berg Randa aus 32 Ortschaften der Insel. Auch wenn man nicht zählt, ist der Ausblick umwerfend. Der Berg Randa ist ein magischer Ort. Hier lohnt es sich zu bleiben. Das fand schon der Philosoph und Sprachforscher Ramón Llull im 13. Jahrhundert.

Der Berg von Randa (542 m) ist eines der auffälligsten Naturdenkmäler Mallorcas. Ein Tafelberg, der ein bisschen an Kapstadt erinnert. Kulturgeschichtlich interessant und herrliche Aussichtspunkte sind die drei Klöster, auf drei unterschiedlichen Höhen gelegen.

Nostra Senyora de Gràcia
Erster Stopp ist das Santuari Nostra Senyora de Gràcia, eine kleine, unscheinbare weiße Kirche (15. Jh., erweitert im 17. und 18. Jh.) mit einer ebenso unauffälligen mönchischen Behausung, die wie ein Vogelnest unter dem überhängenden Gestein klemmt. Bibelszenen schmücken im Inneren die Azulejos.

Im kleinen botanischen Garten finden Sie inseltypische Pflanzen. Der Blick von der Terrasse umfasst den gesamten Süden der Insel.

Sant Honorat
Das Kloster von 1670, nur ein paar Kilometer weiter, ist meist geschlossen. Durch eine Glastür kann man einen Blick in die schlichte Klosterkirche werfen. Hier befindet sich ein Kruzifix aus dem Holz der rund um Llucmajor gedeihenden Aprikosenbäume, das seit Jahrhunderten große Verehrung genießt. Arnaud Desbrull, Ritter des letzten Königs von Mallorca, Jaume III., soll es auf die Insel gebracht und Ländereien zum Bau das Kloster gegeben haben. Hier leben heute Mönche der Kongregation Sagrados Corazones.

Nostra Senyora de Cura

Die Franziskaner des Dritten Ordens auf der Höhe des Berges im Kloster Nostra Senyora de Cura empfangen gerne Besuch. Die Franziskaner unterhalten auch das Museum zu Ehren von Ramón Llull. Hier gibt es Folianten und Gemälde, Töpferarbeiten und Bücher. Dazu kostbare liturgische Gewänder. Außerdem vorhanden: eine Klosterherberge und ein Restaurant.

Ramón Llull

Man hält ihn für einen Heiligen und für einen Ketzer. Einige sagen, er sei der Schöpfer der katalanischen Sprache. Man sagt auch, er sei jähzornig und aggressiv gewesen, andere rühmen seine Weisheit, Güte und Menschlichkeit. Wer war jener Ramón Llull?

Er ist eine der zentralen Figuren der mallorquinischen Geschichte. Geboren 1230 als Sohn eines Edelmannes, der mit König Jaume I. die Insel erobert hatte, machte er schon früh von sich reden, allerdings auf eigentümliche Art. Sant Francesc in Palma ist nicht nur seine Grabkirche, sondern auch Schauplatz eines Skandals, den er sich geleistet haben soll, als er hoch zu Ross in die Kirche ritt, um dort einer Dame Verehrung zu zollen. Der König sah ihm alles nach. Er war sein Freund.

Später dann, ab seinem 30. Lebensjahr, die innere Wandlung, deren Auslöser ein Geheimnis bleibt. Äußere Anlässe mag es gegeben haben: Da wird berichtet, Ramón habe im Zorn einen maurischen Sklaven erschlagen, eine Dame seiner Wahl habe ihm ihre krebszerfressene Brust gezeigt, die Vision des Gekreuzigten habe die Wandlung bewirkt. Jedenfalls zog er sich in die Einsamkeit von Randa zurück.

Wie der heilige Franz von Assisi wollte er durch Logik und Liebe überzeugen, durch die Macht des Wortes. Er lernte Arabisch, um die Muslime in ihrer Sprache zum Christentum zu bekehren. Sendungsbewusst strebte er die Aussöhnung der drei großen Religionen an. Auf dem Landgut Miramar (s. S. 57) an der Nordwestküste Mallorcas richtete er seine Sprachschule für künftige Missionare ein.

Ramón schrieb auch. Sein bekanntestes Werk ist »Blanquerna«, die Utopie eines Gottesstaates auf Erden und das erste Buch auf Katalanisch.

Ramón Llull zog als Ritter Gottes durch die Welt, warnte, mahnte, bat und forderte, sprach mit Päpsten und Königen, wetterte auf Konzilien, lehrte an der Sorbonne, predigte dem Volk in Tunis, Algerien, Marokko, wurde verspottet, festgenommen, freigelassen, zweimal halb zu Tode gesteinigt. An den Folgen starb er auf dem Schiff, mit dem ihn christliche Kaufleute nach Mallorca heimholten.

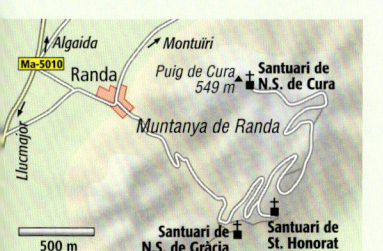

Infos

Santuari Sant Honorat: Tel. 971 66 43 16. Nur für spirituell orientierte Gruppen geöffnet.
Santuari Nostra Senyora de Cura: Hospedería, Tel. 971 66 11 83, Kloster, Tel. 971 66 09 94, www.santuariodecura.com. Das Kloster bietet die Möglichkeit zu übernachten (DZ 30,50 €) und zu essen.

Zwischen zwei Badebuchten steht der gewaltige Felsbogen Pontàs im Meer

Santanyí ► G 7

Häuser aus goldgelbem Sandstein beherrschen das Bild des Landstädtchens, um dessen Kern noch Reste der Stadtmauer existieren. Sehr viele Hamburger haben hier ihren Zweitwohnsitz.

Die Pfarrkirche **Sant Andreu Apòstol** (1786–1811) im Ortskern birgt eine der kostbarsten Orgeln Spaniens, eine Arbeit von Jordi Bosch (18. Jh.). Die **Capella del Roser**, die Rosenkranzkapelle, stammt noch aus dem 13. Jh.

Nicht weit von Santanyí liegt der größte botanische Garten Europas, **Botanicactus** (s. S. 91).

Übernachten

Beschaulich – **Finca-Hotel Es Turó:** Camí de Cas Perets s/n, Tel. 971 64 95 31, www.esturo.com, 10 Juniorsuiten, DZ 130–190 €. Sehr ländlich, sehr beschaulich, sehr ruhig. Strandurlaub im nur 8 km entfernten Des Trenc (s. S. 94) oder Erholung am Pool. Oder einfach nur ausspannen.

Essen und Trinken

Ungewöhnlich – **Es Molí:** Consolcació 19, Tel. 971 65 33 58, Mo–Sa 19–23 Uhr, Lamm mit Ratatouille und provencalischen Kartoffeln 19 €. Fusion-Food mit sehr mediterranem Einschlag, serviert in einer restaurierten Mühle am Ortsrand.

Paella – **Es Vinyet:** Llombarts 16, Tel. 971 16 30 19, Mo–Sa 12–16, 19–23 Uhr, Tagesmenü 9 €, Paella 12 €. Mittags einfaches Menü, abends gute bodenständige mallorquinische Küche.

Einkaufen

Wohnaccessoires – **Cassai Home & Fashion:** Sitjar 10, Ses Salines.

Sport und Aktivitäten

Die kleinen Sandstrände der **Cala Santanyí** (► G/H 7/8) und der **Cala Llombards** (► G 8) liegen in fjordartigen Buchten. Zwischen beiden Stränden liegt, einer Landzunge vorgelagert, der Felsen **Pontàs**, der sich durch seine bizarre Form auszeichnet.

Sprachführer Spanisch (Katalanisch/Kastilisch)

Welche Sprache wählen?

In den größeren Ferienorten und an viel besuchten Ausflugszielen wird in Hotels, Restaurants usw. fast überall Deutsch verstanden. Viele jüngere Mallorquiner, auch wenn sie nicht im Tourismus arbeiten, sprechen Englisch. Verkehrssprache ist nach wie vor in weiten Teilen der Insel Spanisch (Kastilisch). Mit einigen Grundkenntnissen des Spanischen kommt man auf jeden Fall immer zurecht. Es ist nützlich, sich zumindest ein paar Höflichkeitsfloskeln und die richtige Aussprache (z. B. wegen der Ortsnamen) anzueignen: Betont wird meist auf der vorletzten Silbe. Andernfalls gibt oft ein Akzent die betonte Silbe an.

c vor a, o und u wie k
c vor e und i wie ss
ç wie ss
g vor a, ue, ui, o und u wie j in Journalist
ei wie äi
j wie j in Journalist
ll wie j
ny wie nj
qu vor e und i wie k
ua, üe, üi und **uo** wie uá, ué, uí und uó
uig wie udsch
tg und **tj** wie dsch
tx wie tsch
x wie sch
z ist ein stimmhaftes s

deutsch	katalanisch	kastilisch
Allgemeines		
danke/vielen Dank	gràcies/moltes gràcies	gracias/muchas gracias
gern geschehen	de res	de nada
entschuldigen Sie bitte	perdoni	perdone
gestatten?	em permet?	¿permiso?
ja/nein	sí/no	sí/no
wer?/was?	qui?/qué?	¿quién?/¿qué?
wo?	on?	¿dónde?
wohin?/woher?	cap a on?/d'on?	¿a dónde?/¿de dónde?
wie?/wie viel?	com?/quant?	¿cómo?/¿cuánto?
wann?/warum?	quan?/perquè?	¿cuándo?/¿por qué?
gut/schlecht	bo/dolent	bueno/malo
billig/teuer	barat/car	barato/caro
schnell/langsam	ràpid/a poc a poc	rápido/despacio
Begrüßung, Verabschiedung		
guten Morgen/Tag	bon dia	buenos días
guten Abend	bona tarda,	buenas tardes
		bon vespre (Mallorquin)
gute Nacht	bona nit	buenas noches
auf Wiedersehen	adéu; adéu-siau	adiós
Hallo, wie geht's?	Hola, com va això	Hola, ¿qué tal?
Wie heißt Du?	Com et dius?	¿Cómo te llamas?
Wie heißen Sie?	Com es diu, vostè?	¿Cómo se llama usted?
Ich heiße …	em dic …	me llamo …
Unterwegs		
rechts/links	a la dreta/a l'esquerra	a la derecha/a la izquierda
geradeaus	tot dret; recte	todo recto

Stadt/Stadtviertel	ciutat/barri	ciudad/barrio
Straße (innerorts)	carrer	calle
Fernstraße/Allee	carretera/avinguda	carretera/avenida
Touristeninformation	informació turística	información turística
Polizei	policia	policía
Flughafen	aeroport	aeropuerto
zum Flughafen, bitte	A l'aeroport, si us plau!	!Al aeropuerto, por favor!
Schiff/Hafen	vaixell/port	barco/puerto
Fahrkarte(nschalter)	bitllet/taquilla	billete/taquilla
Ist geöffnet/geschlossen?	Està obert/tancat?	¿Está abierto/cerrado?
Wo ist eine Tankstelle?	On hi ha una benzinera?	¿Dónde hay una gasolinera?

Geld/Einkaufen

Preis/Wechselgeld	preu/canvi	precio/cambio
Was kostet das?	Això, què val?	¿Cuánto vale esto?
Ich brauche …	Necessito/necessit …	Necesito …
Ich suche …	Cerco / cerc …	Busco …

Übernachten

Haben Sie ein Zimmer frei?	Tenen habitacions lliures?	¿Tienen habitaciones libres?
Einzelzimmer	habitació individual	habitación individual
Doppelzimmer	habitació doble	habitación doble
Hotel/Pension	hotel/pensió	hotel/pensión

Notfall

Arzt/Zahnarzt	metge/dentista	médico/dentista
Krankenhaus	hospital	hospital
Apotheke	farmàcia	farmacia
Medikament	medicament	medicamento
Ich habe Fieber/	Tinc febre/	Tengo fiebre/
eine Erkältung/	un refredat/	un resfriado/
Kopfschmerzen/	mal de cap/	dolor de cabeza/
Bauchschmerzen	mal de ventre	dolor de estómago

Zahlen

1	u, un, una	uno, un, una
2	dos, dues	dos
3	tres	tres
4	quatre	cuatro
5	cinc	cinco
6	sis	seis
7	set	siete
8	vuit	ocho
9	nou	nueve
10	deu	diez
20/30/40	vint/trenta/quaranta	veinte/treinta/cuarenta
50/60/70	cinquanta/seixanta/setanta	cincuenta/sesenta/setenta
80/90	vuitanta/noranta	ochenta/noventa
100	cent	cien/ciento
200	dos-cents, dues-centes	doscientos, doscientas
1000	mil	mil

Kulinarisches Lexikon

katalanisch	kastilisch	deutsch
Zubereitung/Spezialitäten		
albergínes farcides	berenjenas rellenas	gefüllte Auberginen
all i oli, aioli	alioli	Knoblauchmayonnaise
boccata	bocadillo	belegtes Brötchen
bullit, bollit	cocido	Eintopf mit gekochtem Fleisch und Gemüse
caldereta	caldereta	Eintopf meist auf Fischbasis
empanade/panada	empanadas	gefüllte Teigtaschen
ensaladilla	ensaladilla	Kartoffelsalat
pa amb oli	pan con aceite	Brot mit Öl, Tomaten, Käse oder Schinken
peix a la sal	pescado a la sal	Fisch in Salzkruste
Gewürze		
mostassa	mostaza	Senf
pebre	pimienta	Pfeffer
sal	sal	Salz
Fisch und Meeresfrüchte		
anfós	mero	Zackenbarsch
anxoves	anchoas	Sardellen, Anchovis
bacallà	bacalao	Kabeljau/Stockfisch
boquerons	boquerones	Sardellen
calamars	calamares	Tintenfisch
gamba	gamba	Garnele
llenguado	lenguado	Seezunge
lluç	merluza	Seehecht
musclos	mejillones	Miesmuscheln
ostra	ostra	Auster
peix	pescado	Fisch
rap	rape	Seeteufel
salmó	salmón	Lachs
Fleisch		
botifarra	butifarra	Blutwurst
cabrit	cabrito	Zicklein
carnera	carnera	Rindfleisch
conill	conejo	Kaninchen
costella	chuleta	Kotelett
escalop	escalope	Schnitzel
llom	lomo	Schweinelende
llom	solomillo	Filet
mé	cordero	Lamm
pollastre	pollo	Hähnchen
porc	cerdo	Schwein

porcella	lechona	Spanferkel
pernil dolç	jamón york	gekochter Schinken
pernil salat	jamón serrano	luftgetrockneter Gebirgs-schinken
pilotes	albóndigas	Hackfleischbällchen
salsitxa	salchicha	Würstchen

Gemüse und Beilagen

all	ajo	Knoblauch
arròs	arroz	Reis
bolet	setas	Pilze
carabassons	calabacines	Zucchini
carxofa	alcachofas	Artischocken
ceba	cebolla	Zwiebel
col	col	Kohl
espinacs	espinacas	Spinat
faves	habas	weiße Bohnen
mongetes	judías	grüne Bohnen
olives	aceitunas	Oliven
patata	patata	Kartoffel
pèsol	guisantes	Erbsen
pebrot	pimientos	Paprikaschoten
tomàtigues	tomates	Tomaten

Obst

figa	higo	Feige
llimona	limón	Zitrone
maduixa	fresa	Erdbeere
melocotó	melocotón	Pfirsich
pinya	piña	Ananas
poma	manzana	Apfel
raïm	uva	Traube
taronja	naranja	Orange

Eier und Milchprodukte

formatge	queso	Käse
mantega	mantequilla	Butter
nata	nata	Sahne
ou	huevo	Ei

Getränke

aigua amb/sensa gas	agua con/sin gas	Mineralwasser mit/ohne Kohlensäure
cafè amb llet	café con leche	Milchkaffee
cafè tot sol	café solo	Espresso
canya	caña	Bier vom Fass
cava	champán, cava	Sekt
cervesa	cerveza	Bier
herbes	licor de hierbas	Kräuterlikör
llet	leche	Milch
pal	palillo	inseltypischer Aperitif
suc	zumo	Saft
xerez	jerez	Sherry

Register

Register

Das Klima im Blick   atmosfair

Reisen bereichert und verbindet Menschen und Kulturen. Wer reist, erzeugt auch CO_2. Der Flugverkehr trägt mit einem Anteil von bis zu 10 % zur globalen Erwärmung bei. Wer das Klima schützen will, sollte sich für eine schonendere Reiseform (z. B. die Bahn) entscheiden – oder die Projekte von *atmosfair* unterstützen. *Atmosfair* ist eine gemeinnützige Klimaschutzorganisation. Die Idee: Flugpassagiere spenden einen kilometerabhängigen Beitrag für die von ihnen verursachten Emissionen und finanzieren damit Projekte in Entwicklungsländern, die dort den Ausstoß von Klimagasen verringern helfen. Dazu berechnet man mit dem Emissionsrechner auf *www.atmosfair.de*, wie viel CO_2 der Flug produziert und was es kostet, eine vergleichbare Menge Klimagase einzusparen (z. B. Berlin – London – Berlin 13 €). *Atmosfair* garantiert die sorgfältige Verwendung Ihres Beitrags. Klar – auch der DuMont Reiseverlag fliegt mit *atmosfair*!

Unterwegs mit Gabriela Kunze
Gabriela Kunze, geboren in Frankfurt am Main, studierte in ihrer Heimatstadt Romanistik und Anglistik. 1980 ging sie als freie Autorin und Journalistin nach Mallorca – und dort ist sie dann auch geblieben. Seither wird sie nicht müde, diesen ›Kontinent im Kleinen‹ zu erkunden.

Abbildungsnachweis
Bildagentur Huber, Garmisch-Partenkirchen: S. 24 (Kaos02); 99, Umschlagrückseite (Kreder); 69 (Pietro); 101, 111 (Schmid)
DuMont Bildarchiv, Ostfildern: S. 9, 47, 70, 82, 87, 91, 102 (Leue); 10, 14, 17, 34, 37, 106 (Schwarzbach)
Gabriela Kunze, Puigpunyent: S. 120
laif, Köln: S. 94, 95 (Amme); 4/5 (Celentano); 66 (Fechner); 7, 55, 67, 89, 109 (Gerber); 13, 31 (Haenel); Umschlagklappe vorn, 73, 76

(hemis.fr); 42 (hemis.fr/Borgese); 28/29 (hemis.fr/Sierpinski); 80 (Heuer); 52 (Knechtel); 77, 93 (Lengler); 50 (Schulz); Titelbild, 44 (Westrich); 59 (Zahn); 49, 56 (Zanettini)
Patricia Lozano, Palma de Mallorca: S. 63

Kartografie
DuMont Reisekartografie, Fürstenfeldbruck
© DuMont Reiseverlag, Ostfildern

Umschlagfotos
Titelbild: Cala Figuera
Umschlagklappe vorn: Strand Can Pastilla

Hinweis: Autor und Verlag haben alle Informationen mit größtmöglicher Sorgfalt geprüft. Gleichwohl sind Fehler nicht vollständig auszuschließen. Alle Angaben erfolgen ohne Gewähr. Bitte schreiben Sie uns! Über Ihre Rückmeldung zum Buch und Verbesserungsvorschläge freuen sich Autorin und Verlag:
DuMont Reiseverlag, Postfach 3151, 73751 Ostfildern, info@dumontreise.de, www.dumontreise.de

1. Auflage 2011
© DuMont Reiseverlag, Ostfildern
Alle Rechte vorbehalten
Redaktion/Lektorat: Thomas Rach
Grafisches Konzept: Groschwitz/Blachnierek, Hamburg
Printed in Germany